経験知の
継承から協創へ

IT企業におけるベテラン経験知の解明と活用

Kazuo Hosono

細野一雄 ［著］

文眞堂

はじめに

　"知"（知識や知恵などを含む）は企業における技術力の維持・向上やイノベーションの創造に繋がる重要な経営リソースです。その中で経験知は実践から得られる"知"であり，熟達者（ベテラン層と称す）に蓄積されていることから，その"知"が失われないよう，有益な"知"を選別して次世代層に移転し，組織として継承することは重要な経営課題と考えられます。

　これまでにもベテラン層の退職に備えて次世代層に移転し継承する試みは様々な業種や職種において行われてきていますが，経験知の大半は表出化が難しい暗黙知となっていることから次世代層への移転は困難であると言われています。そして現在では IT 人材としてエンジニアリング，マネジメント，ビジネスに関わっている SE（システム・エンジニア）職の知の継承が課題となりつつあります。短いサイクルで技術が変化し，細分化され専門化してきていること，およびプロジェクト型組織でビジネスを行っていることなどから，どの経験知がこれからも役に立つのかわかりません。そのためプロジェクト特性や技術が変化しても適用でき，かつ今のコンテキスト（背景や状況など）に合わせてテーラリングできる経験知が求められます。ただしこれらの大半は表出化（コード化や言語化）が難しい暗黙知であり，個人知としてベテラン層に内在したままとなっており，組織的には共有されていないことから次世代層への組織的な継承は難しい状況が続いています。このような状況の中で高齢者雇用機会均等法の施行などによって 60 歳を過ぎても働く高齢のベテラン層（シニア層と称す）が増えようとしています。

　技術が短いサイクルで進化・変化する職種においては，古い経験知は有益なのでしょうか？　その経験を有するベテラン層はそもそも次世代層から必要とされているのでしょうか？　どのように次世代層に伝えれば良いのでしょうか？　次世代層の学びや成長に寄与できるものなのでしょうか？　また，役職定年や雇用契約形態の変更などによって立場が変わっているシニア層はどのよ

うに振る舞えば次世代層に経験知を受け取ってもらえるのでしょうか？　もしベテラン層と次世代層の協業の仕方が明らかになれば効率的・効果的な"知"の移転による組織的な継承が可能になるでしょう。

　少子高齢化社会や DX や AI 技術の普及を迎えて，企業の競争力を維持向上に関わる経験知を選別し，どのように次世代層に移転し組織的に継承し活用すれば良いのか，改めて明らかにすることが必要となっています。これらの問いに対して，これまでとは異なる知の継承方法が必要であり，その起点は"知"を受け取る側の次世代層の観点で取り組むべきではないかと筆者は考えます。

　そこで，長年ナレッジ・マネジメント（KM と略す）活動を実践してきた IT 企業 A 社 SE（システム・エンジニアリング）部門において，相互信頼関係のあるベテラン層から次世代層が経験知を受け取ったケースをアンケートし，課題を解決するための知の創出をベテラン層が支援するという協業スタイルの存在を明らかにしています。つまり，技術が短いサイクルで変化している職種においては，経験知は継承するものではなく，ベテラン層と協業しながら次世代層がオンデマンドで経験知を受け取る"知の協創"によって次世代層に受け取られてゆくことを実証的に解明しています。すなわち，表出化が難しい暗黙知であっても，"知の協創"によって次世代層の学びに寄与することで組織的な"知の継承"が可能となります。この"知の協創"スタイルは雇用期間が延びていることによって可能となった新たなモデルであり，これからも増え続けるダイバーシティとしてのシニア層を知的労働戦力として活用する可能性とその役割定義の必要性を経営層に提示するものです。シニア層に対しては経験知というリソースを活用する生き甲斐を提示するものです。また類似職種への応用の可能性も考察しています。

　本書は実務家としての筆者の知見を知識科学（ナレッジ・マネジメント）の観点から表出化した研究書です。日本ナレッジ・マネジメント学会誌への投稿・審査を経た博士認定論文をベースに，さらなる分析と筆者の主観を加筆して実務家に向けて書き直しています。専門用語を多数用いていますが，図表や注釈で概念や用語の意味に説明を加えておりますので，十分ご理解頂けるものと思います。読者の皆さまには，創造的な"知"の利用価値を追求して頂ける契機となり，お仕事に役立てていただくことを祈念いたします。

研究ノート（査読付き）

細野一雄・内平直志・遠山亮子［2020］「シニア技術者から後進層への経験知の伝え
　　方の考察」『ナレッジ・マネジメント研究』18：17-30 ページ。

研究論文（査読付き）

細野一雄・内平直志・遠山亮子［2021］「後進層から期待されるベテラン経験知の価
　　値とその移転」『ナレッジ・マネジメント研究』19：1-16 ページ。

細野一雄［2023］「ベテランから後進層への経験知移転についての考察」『ナレッジ・
　　マネジメント研究』21：15-29 ページ。

北陸先端科学技術大学院大学　博士認定論文

細野一雄［2022］「後進層が期待するベテラン経験知の価値とその移転―IT 企業 A
　　社 SE 部門におけるベテラン層と後進層による知の協創―」

ご参考

・実務観点で主にエビデンスを知りたい方は第 3 章と第 10 章を除いた各章をご覧く
　ださい。
・本書の結論だけを知りたい方は第 1 章，第 2 章，第 10 章，第 11 章をご覧くださ
　い。

目　　次

図表目次

［表］

第1章

背景と目的

第1節　経験知を必要とする背景

　みなさんは何か問題に直面した時に，先人の知恵を借りてみたいと考えたことはないでしょうか。自分ではこういう解決方法を考えているのだけれど良いのかどうか迷っている，以前の似たような出来事から何かヒントを得られないだろうか，など。このような場合は，近くにいる先人に直接聞いたり，または相談できそうな人を紹介してもらえたりする機会があれば，判断を間違えるリスクを軽減させられるかもしれません。これらは先人の実践から得られる「経験知」であり，企業においては技術力の維持・向上やビジネス戦略のために必要不可欠であると考えられている "知"（知識や知恵などを含む）に属します。その知の多くを有する熟達者（ベテラン層と称す）の中から，有益な経験知を次の世代（次世代層と称す）へ移転し，組織として継承することは重要な経営課題と考えられます。本書はこのテーマに対して知識科学（ナレッジ・マネジメント）[1] の観点から深く考察する研究書です。人才としての「経験知」と，その "知" を有するベテラン層を組織的に有効活用しようと考えている方を対象としています。本章ではこの研究テーマについての背景や目的などの概要を説明します。

1．実践から得られる "知"
　本書は DIKW モデル[2] の中の知識（Knowledge）と知恵（Wisdom）を対象としています。ただし，知識と知恵の両方を知識と称することもあることか

ら，この場合は本書では“知”と称し，知識や知恵とは区別して使い分けています。ただし，先行研究などから引用している文章中の“知識”については“知”を意味していることもありますが，原文のまま用いています。

　Davenport and Prusak（1998，和訳2000：28ページ）によれば専門家（エキスパート）が有する経験知（Deep Smart）は「体験から得られた知識は，見慣れたパターンを認識し，いま起こっていることを体験したときに起こったことと関係付けることができる」ことから「経験的真理を含み，複雑性に対処でき，判断でき，試行錯誤や長期にわたる体験と観察を通した経験則を用いて，直観を働かせて素早く対処できる」（同前，31ページ）と述べています。またLeonard and Swap（2005，和訳2013：16ページ）では「経験知とは，その人の直接の経験を土台とし，暗黙の知識に基づく洞察の源となり，その人の個人的な信念と社会的背景によって形づくられる強力な専門知識で，数ある知恵の中で最も深い知恵」であり，「具体的な情報よりもノウハウに基礎を置き，システムの全体に対する理解をもとに，複雑な相関関係を把握して専門的な判断を迅速に下すと同時に，必要とあればシステムの細部にも踏み込んでそれを理解できる能力」であると述べられています。

　体験によって試され鍛えられた専門家である熟達者が有する経験知を次世代層へ移転し，組織として継承することは企業の持続的な技術力維持向上やビジネス戦略のために重要な経営課題と考えられます。このことは，ベテラン層の大量退職が問題となった産業において1980年代から順次経営課題として取り上げられ．近年では2007年問題としても扱われてきていますが，「ベテランの退職に伴う技能伝承の問題性は暗黙知が職業能力の中に多く含まれているため，そう簡単にはできない」（森，2013）ようです。こうした状況の中で，現在ではIT業界SE（システム・エンジニアリング）部門においてバブル期入社世代の大量退職が始まっています。

2．IT業界SE職における有益な“知”

　ベテラン層が有する経験知を再利用するためには，プロジェクトのふり返りを行って有益な経験知を選別し，それを組織的に表出化・形式知化することが一般的に考えられます。ところが，これまでのSE部門は多忙な組織であった

ことから振り返りなどの表出化を行うことが難しい状況が続いてきました。また，たとえ表出化されて文書として形式知化されたとしても，そのビジネス文書には当時の背景や判断理由などのコンテキストは書き残されることは少ないようです。そのため，形式知を次のプロジェクトで利用しようとしても，コンテキストがわからないことからどの範囲なら適用して良いのか判断できなくなっています。技術が短いサイクルで変化していることもあり，コンテキストの大半は個人知としてベテラン層に内在したまま，組織的には共有されていないことから暗黙知となっています。そのため，次世代層は必要になった時点で，そのコンテキストを有しているベテランを探し出し，経験を聞き出してコンテキストを確認した上で形式知が利用できそうか否かを判断した上で再利用しています。ただし，IT 業界は技術が細分化され専門化してきていることから，経験知は多様な技術分野のベテラン層に分散されており，多数のベテランを探し出すのは大変手間がかかります。これらの状況は第2章でも説明します。

　SE 部門はプロジェクト型組織で1品ものを扱うサービス的なビジネスが中心となっており，プロジェクトは唯一無二という特徴を有することから，モノを繰り返し生産するビジネスとは異なっています。現在は VUCA（Volatility・Uncertainty・Complexity・Ambiguity）が進展しており，技術の変化を予想して将来必要とされる"知"を選別することはさらに難しくなっています。つまり，ベテラン層が有益な"知"を選別したとしても，将来その"知"が必要とされるか否かがわからず，無駄になってしまう可能性もあります。ベテラン層に内在したまま組織的には暗黙知となっている経験知の中で，どのような種類や特性などの特徴を有する"知"がプロジェクト特性や技術が変化しても適用できる有益な"知"なのでしょうか？

3．社会の変化

　近年は少子高齢化が進展し，今後は次世代層の人員数が大幅に増加する見込みはありません。『DX レポート』（経済産業省，2018）では 2030 年時点で中位シナリオの場合でも IT 人材が約 45 万人不足すると述べられています。その他の類似のレポートにおいても同様な数値となっています。その対策とし

て，女性・シニア・外国籍人材の活用が挙げられています。シニアに対して
は，IT ベンダー企業と IT ユーザー企業の両方において，経験知を用いて現役
同様に専門技術者として活躍することを期待される一方，「若手人材に対する
技術伝承や人材育成支援」も期待されています。このような状況において高年
齢者雇用安定法が改正（2021 年 4 月 1 日施行）され，高年齢（役職定年や 60
歳以上）のベテラン層（シニア層と称す）が活躍する機会がますます増えよう
としています。

　技術伝承や人材育成においては，典型的なパターンを教材化して教育で伝え
る人材育成方法は有効です。ところが，技術が細分化・専門化され，受け手で
ある次世代層の人数が増える見込みが無いことから，予め豊富な"知"を事前
に次世代層に与えておくこの方法は効率的であるとは言えません。では，個人
知としてベテラン層に内在したままの暗黙知をどのように次世代層へ移転し組
織的に継承すれば良いのでしょうか？

4．高齢労働者と有する知の存在価値

　シニア層を含むベテラン層の雇用期間が延長されることは，経験知を次世代
層に伝える機会が増えることにつながる好機かもしれません。『シニア人材を
戦力に変える』（『Wedge』，2019 年 6 月）の中で，今野（2019）は「これまで
経験したことをそのまま生かせる場を見つけることは難しい」ことから「蓄積
してきた能力のどの部分が生かせるかを見極めること」，「シニア労働者は新
しい日本型雇用を創るための実験台でもあり，シニア労働者を巡る改革は時
代の先端にあると言える」と述べているように，一定の期待があるようです。
Irving（2018）は「何世代にもわたる社員たちが活き活きと働きやすい環境と
いう多大な恩恵をもたらし，ひいては競争優位につながる」，「世代の異なる社
員同士が補い学び合うような仕組みをつくると，企業にとって長期的な反映へ
の道が開ける」と述べています。世代の異なる社員同士が補い学び合うような
仕組みによる経験知の移転によって，世代の異なるベテラン層と次世代層は果
たしてお互いにどのような学びが得られるものなのでしょうか？

　もし次世代層の学びに貢献できるのであればベテラン層の存在価値が示せる
でしょう。そして，企業にとって長期的な繁栄への道にも繋がるかもしれませ

ん。では，経験知の移転による次世代層の学びを効果的・効率的に促進するにはどのようにしたら良いのでしょうか？　高齢労働者への一定の期待は存在していますので，ベテラン層は自身のリソースである経験知を伝えることで自己の存在価値を示せるならば次世代層への技術伝承や人材育成を果たそうとするでしょう。ところが，組織を若返らせるために役職定年や早期退職を促す施策も取り入れられています。特にシニア層の多くは嘱託・再雇用契約となって職場における立場や果たすべき役割が変化しています。また，古い経験知は役に立たずイノベーションを阻害するから次世代層に伝えるべきではない，という意見も有ります。

　果たして，古い世代の古い技術に関する経験知を有するベテラン層やシニア層は組織（職場や経営層など）から期待されているのでしょうか？　次世代層からは使いづらい煙たい年長者に見られているのでしょうか？　それとも経験知など忘れてリスキリングして新たな仕事に従事すべきなのでしょうか？　このようにベテラン層（シニア層を含めて）は迷いつつ，1人ひとりがそれぞれの職場環境に応じて振る舞いに留意しながら，経験知の伝え方を日々模索し続けています。立場や期待される役割や雇用形態が変わっているシニア層は次世代層に対してどのように振る舞えば良いのでしょうか？

第2節　経験知への期待と研究テーマ

　少子高齢化社会を迎えて，企業の競争力を維持向上するための経験知をどのように次世代層に移転し組織的に継承したら良いのか，改めて明らかにすることが必要となっています。技術が短いサイクルで変化している SE 部門においては，有益とは認識していない単なる体験であっても，次世代層から聞かれて価値に気づくことがあります。つまり，ベテラン自身は有している経験知の中でどのような"知"が今でも有益なのか，自らは気づけないのではないでしょうか。このように，経験知を有するベテランを次世代層が探し出して当時のコンテキストを聞き出しているという状況から，受け取る側の次世代層ならば有益な経験知か否かを選択できるのではないでしょうか。

　そこで本書は『ベテラン技術者の経験知はどのように次世代層に移転されて

いるのか？』をテーマとし，伝える側のベテラン層と受け取る側の次世代層の両者を対象に，次世代層が経験知（有益な知か否かは問わず）を受け取ったケースを集めて知識科学（ナレッジ・マネジメント）の観点で分析し，その解明と考察を示したいと考えます。明らかにしたいことは5つです。

1．研究テーマ

　　テーマ：技術サイクルの短い職種におけるベテラン技術者の経験知はどのように次世代層に移転されているのか？

　　問1：次世代層が期待するベテラン層の経験知にはどのような特徴があるのか？

　　問2：経験知の伝え方と受け取り方にはどのような差異があるのか？

　　問3：経験知の移転によって次世代層とベテラン層はそれぞれどのような学びを得ているのか？

　　問4：ベテラン層と次世代層が知の協創をするために必要となる条件（または障壁）は何か？

　　問5：経験知を伝えることに対してベテラン層はどのように向き合っているのか？

問1：どのような経験知を伝えれば良いのか？

　1つ目は，ベテラン層に内在したまま組織的には暗黙知となっている経験知とはどのようなものでしょうか？　というものです。仮説としては，次世代層が必要としている"知"が有益な経験知に該当するのではないかと本書は考えていますので，問1「次世代層が期待するベテラン層の経験知にはどのような特徴があるのか？」を設けることにします。

　ただし，過去の事例，その事例における工夫点やノウハウ，視点や観点などの課題解決に向き合うための考え方，対応相手に対する説得の仕方，など，経験知の特徴をどのような表現で示せば良いのかわかりません。そのため，多くの人が共通認識できる経験知の種類を表す軸も明らかにする必要があります。また関連として，その経験知がなぜベテラン層に内在したままの個人知となって組織的には共有されないままの暗黙知になっていたのかも知りたいところ

です。

問2：どのように経験知を伝えれば良いのか？

　2つ目は，個人知としてベテラン層に内在したままの暗黙知をどのように次世代層へ移転し組織的に継承すれば良いのでしょうか？　というものです。対話を通じて何らかの技法で伝えていることは推定できます。また，仮説としては，ベテラン層が意図して用いた伝え方を，次世代層が同じように認識しているとは限らず，伝える側が意図したようには理解されず，知が正確には伝わっていない可能性があります。また，本書で扱う経験知は大半が暗黙知であることから，誰でもその暗黙知を理解できるのか？　という疑問もあります。このことから，問2「経験知の伝え方と受け取り方にはどのような差異があるのか？」という問いを設けることとします。

問3：経験知を移転することで学びを得られるのか？

　3つ目は，経験知を移転することで世代の異なるベテラン層と次世代層はお互いに何らかの学びが得られるのでしょうか？　というものです。次世代層は経験知を受け取ることによって何らかの学びを得られるでしょうか，ベテラン層も何らかの学びが得られるのでしょうか。仮説としては，経験知を伝えることでベテラン層は自分の存在価値を再認識し，これからの社会でも役立つ何らかのスキルアップが得ているのではないかと考えられます。そこで，問3「経験知の移転によって次世代層とベテラン層はそれぞれどのような学びを得ているのか？」という問いを設けることとします。

問4：次世代層の学びを促進（または阻害）する要因は何か？

　4つ目は，経験知の移転による次世代層の学びを効果的・効率的に促進するにはどうしたら良いのでしょうか？　というものです。経験知の信用度自体が重要であろうとは推測できますが，ベテラン層と次世代層の双方はお互いにどのように考えているのでしょうか。仮説としては，知の移転を通して次世代層が抱えている問題解決に対する"知の創造"をベテラン層は支援している形態なので，協業して"知"を協創しているものと推定されます。ただし，どのよ

うな"協創"なのかは定かではありません。そこで，問4「ベテラン層と次世代層が知の協創をするために必要となる条件（または障壁）は何か？」という問いを設けることとします。

問5：立場が変わっているベテラン層はどう振る舞えば良いのか？

　5つ目は，立場や期待される役割や雇用形態が変わっているベテラン層はどのように振る舞えば良いのか？　というものです。ベテラン層は自己の経験知の価値をどのように認識しているのでしょうか。そして，次世代層を育成するという役割が与えられたとしても，自らのリソースである貴重な経験知を移転することで自己の存在価値が無くなってしまうかもしれないリスクがある中で，経験知を次世代層に積極的に伝えたいと思っているのでしょうか。ベテラン層1人ひとりの考え方は異なっていると思われますが，次世代層に対してどのように向き合っているのかは定かではありません。そこで，問5「経験知を伝えることに対してベテラン層はどのように向き合っているのか？」という問いを設けることとします。

2．本書の狙い

　少子高齢化が進行する社会においては，高齢労働者も知的労働力として活用する施策が日本の社会として求められようとしています。ただし，シニア層が現役世代同様に活躍することまで期待されている訳ではなく，雇用期間が延びたとは言え，いずれはリタイヤしてゆきます。そのため，人材・人財としてのシニア層の活用ではなく，シニア層が有する才能である人才，つまり経験知に着目したマネジメントを重視すべきなはないでしょうか。時代や技術が変化しても有益な経験知が明らかになれば，企業の競争力を維持・向上するための有益な"知"の特徴が明らかとなり，その"知"を効果的・効率的に次世代層に移転することができるようになるでしょう。

　本書は，技術が短いサイクルで変化している職種においてはこれまでとは異なる知の継承方法が必要であり，受け取る側の次世代層ならば，時代や技術が変化しても有益な人才としての経験知を明らかにできるのではないかと考えています。そこで，ベテラン層から次世代層への経験知移転のデータを集めて知

識科学（ナレッジ・マネジメント）を用いて分析し，経験知は継承するものではなく，次世代層とベテラン層による“知の協創”によって，オンデマンドで次世代層に受け取られてゆくことも可能であることを実証的に解明し，その活用方法を導こうとするものです。このことが示せれば，雇用期間が延びているベテラン層（特にシニア層）を知的労働者として戦力化する可能性を提示できるものと考えています。本書は，実務家としての筆者の知見を知識科学（ナレッジ・マネジメント）の観点から表出化した研究書です。そのため，実務への適用は読者の現場のコンテキストに合わせてテーラリング[3] していただくことを期待しています。

第3節　研究対象の選定

1．研究対象の選定

　ナレッジ・マネジメントを理解し，かつ，経験知を有する高齢労働者を活かす施策を行っている企業を研究対象として選定する必要があります。そこで本書は「受託開発ソフトウェア業」「パッケージソフトウェア業」「情報処理サービス業」（『IT 人材白書 2020』2020：24 ページ）に該当する大手 IT ベンダーA 社において，エンジニアリング，マネジメント，ビジネス（同前，22 ページ）に関わっている SE（システム・エンジニア）職を対象としています。

　この A 社 SE 部門は Nonaka and Takeuchi（1995，和訳 1996）で提示されたナレッジ・マネジメントを独自解釈し，共有した暗黙知を次のプロジェクトで再利用する組織的なナレッジ・マネジメント活動を 1997 年から実践してきています（黒瀬・野中，2005）。この部門にはグループ会社を含めて数万人の SE 職が所属していますが，その職場においては，形式知，暗黙知，ナレッジ（Knowledge，知識と同義），知恵，知見，SECI モデル，共同化，表出化，連結化，内面化などの用語が広く用いられています。ナレッジ・マネジメントの基礎を理解しているという点では条件を満たしています。この A 社 SE 部門は 2015 年からシニア層（役職定年となった幹部社員[4] および 60 歳以上の嘱託・再雇用者）を組織化し，知の継承と次世代育成を役割とする施策を開始しました。

シニア SE 活用で新会社立ち上げ―役職定年者士気高める―
　　次世代育成と知見継承を新たな役割として与え，意欲あるシニア（高齢）
層が生き生きと働ける多様な働き方を確立する。（途中略）コーチングの教
育を行うなど，シニア人材への再投資を行うとともに，メリハリのある独自
の人事評価制度の導入により，士気を高めてゆく。（途中略）意欲あるシニ
ア SE が（途中略）生涯現役を目指せるような環境作りを開始（『日刊工業
新聞』2015.9.30）5)。

　　2015 年以前からもシニア層に対する施策は有りました。各職場でそれぞれ
執務し続けていることは同じであっても，ミッションとして次世代育成が定義
され，シニア同士が集まって対話し，知見整備などの WG（ワークング・グ
ループ）活動し，多数のシニアの再配置仲介機能が制度として認められるよう
になった点が新たな施策となります。“知”についての理解が有り，かつ経験
知を有する高齢労働者に対する新たな施策を行っていることから A 社 SE 部
門は研究対象となりうると考えます。
　　ただし，この職場においてはナレッジという語は次のプロジェクトで再利用
できる成果物（形式知）を意味しており，知恵・智恵や知見（Wisdom）とい
う語とは使い分けられています。これらの用語は常用されてはいますが，組織
的に共通認識された定義は無く，個人ごとに認識や解釈の差異は存在していま
す。用語に対する組織的な共通認識は無いことから，問 1 へ対応する上で，
「経験知という用語に対する共通認識が無い」（研究課題 1）ことと，「経験知
の種類を特徴づけるための軸が存在しない」（研究課題 2）ことに対して，ア
ンケート回答者の認知バイアスを軽減させる何らかの対策が必要と考えられま
す。また，ベテラン層から次世代層への知の移転を本書では「どのように測定
するのか」（研究課題 3）を検討する必要が有りそうです。

2．A 社 SE 部門の職場
　　本書における世代層の呼称を表 1-1 に示します。次世代層は入社 10 年以内
（想定 34 歳）の若手層とそれより年長の中堅層に分けます。若手層と中堅層は
本書では知の受け手に相当します。ベテラン層はおおむね 50 歳以上の幹部社

表 1-1　本書における世代層

世代層		概要	想定年齢	立場
次世代層	若手層	新入社員として入社後おおむね 10 年以内。	34 歳以下	知の受け手
	中堅層	若手幹部社員，および同年代層の社員。	35 歳以上	知の受け手
ベテラン層		現役の幹部社員，および同年代層の専門家。	おおむね 50 歳以上	知の送り手
	シニア層	役職定年となった元幹部社員。嘱託・再雇用契約社員となっている場合が多い。	55 歳以上	知の送り手

出典：筆者作成。

員（プレーイング・マネジメントを行う管理職）であり，少なくとも 1 つ以上の専門技術の有識者です。役職定年または 60 歳以後の嘱託・再雇用契約者となった幹部社員がシニア層に該当し，次世代層に対しては上司という立場から先輩・支援者という立場になります。なお次世代層とベテラン層の年代層の境を 35 歳と想定していることの根拠については第 3 章にて述べます。

　シニア層は自己の専門知識を活かしながら「職場支援」という形態で次世代層と共に業務を遂行しています。そして，専門家として自己のスキルを活かしながら，次世代層からの求めに応じて自己の経験知を伝えたり，時には指導も行いながら次世代層が抱える課題解決の支援をしています。ただしシニアが 1 人も居ない職場もあれば 2 人以上居る職場もあります。本書では各職場に対するシニア層の関わり方を 4 つに分類しています（図 1-1 参照）。

・共同作業：次世代層と同じチームの中で 1 人の担当者・先輩として参加。
・役割分担：チームの中で特定の役割を果たすメンバーとして参加。
・現役同様：引き続き現役の幹部相当としての役割を担当。
・その他　：以前とは異なる業務を担当したり個人事業主として参加。

　シニア組織としては品質監査など品質支援や体験型の教育支援などをサービスとして経験知を次世代層に伝える業務も行っていますが，これらは従前からの知の移転方式であるため本書では扱っていません。

図1-1　職場におけるシニア層と次世代層との関わり方

注：チームはおおむね10名程度，組織はおおむね50名程度を想定。
出典：筆者作成。

3．高齢者雇用問題への対策

　高齢の高齢者を雇用する場合には，技術・スキルが陳腐化している，新技術習得に時間がかかる，個人の体力の衰えている，などに加え，年長者に対して指示しづらい，過去の自分の仕事の仕方に固執しがち，文句が多い，新たなスキルを学ばない，など，いわゆる高齢者雇用問題が指摘されています。

　この問題に対してA社SE部門では，シニア層の年代になると延べ1ヶ月程度の高齢者研修が行われています。そこでは，幹部社員昇任時点で習得しているコーチング（特に，観察，傾聴，質問，整理・助言・叱り方・褒め方などの伝達，という基本スキル），自身の強み／弱み（SWOT）の振り返り，自律力の再認識に加え，高齢者としての挑戦力などについてメンバー同士で共有する機会などが設けられています。その中で，たとえば，これからはサーバントとして後輩をサポートする，これからはかわいい上司を目指そう，次世代層へ助言を行う場合はアサーティブに助言しよう，など次世代層をサポートする年代になっている立場であるという意識付けや指導がなされています。いわゆる高齢者雇用問題に対しては大半のメンバーに一定の対策がなされていることから，シニア層となっても引き続き次世代層を指導することは可能となっています。

　このように，シニア層に対する高齢者雇用問題への対策も施されていることから，A社SE部門を研究対象組織とすることは可能であると考えられます。また，この1社の事例であっても，典型例を明らかにすることで，本書のテー

マと問いに対する答えを示すことは可能であると考えます。

第4節　用語について

　本書における"知"と組織・時間・範囲の関係を表1-2に示します。知については「共有」と「移転」と「継承」に関わりますが，「保持」を意図するものではありません。また，範囲としては組織間も想定可能ではありますが基本的には「組織内」，知の移転であることから主に「内面化」と「共同化」の範囲です。

表 1-2　知の移転と組織・時間・範囲の関係

知	組織		時間		範囲		
	組織内	組織間	同世代	世代間	表出化	内面化	共同化
知の共有	●	○	○	●	○	●	●
知の移転	●	○	○	●	○	●	●
知の継承	●			●	○	●	●
知の保持	○			○	○	○	

注：・次世代層は類似のプロジェクト経験を有するベテラン層の経験知を期待することから「組織内」となります。社内コミュニティなどの「組織間」のケースも許容しています。
　　・時間的な観点では「世代間」です。範囲は「内面化」と「共同化」となります。
　　・「表出化」は次世代層が主体と考えています。
　　・総じて「知の継承」を扱うものですがすべてを移転することは想定していません。また経験知のすべてを移転することを期待はしていないので「知の保持」という立場ではありません。
出典：内平（2010）が○で示した内で本書の該当個所を●で示す。

　"知"の用語についての定義は表1-3に示します。なお，本書で扱う経験知は，Davenport and Prusak（1998, 和訳2000：25ページ）におけるベテラン層の上位にエキスパートが有する経験知（Deep Snart）と同義としていますので，本書のベテラン層はエキスパートを含んでいます。

表 1-3　本書における知の用語定義

データ	事実の集合であり、明示的な意味は与えられておらず、1つひとつの事実の間の関係付けもされていない。
情報	情報は、データと異なり明示的な意味（関連性や目的）を持っており、送り手と受け手を持つ。情報の受け手に何らかの変化を与えることを意図して送り手により造られたもの。
知識	知識は、知識の所有者の中で、所有者の価値観、過去の経験、課題・問題意識、現在の状況認識と結びついているもので、新しい情報に対して所有者の解釈・判断・行動を生み出すもの。ただし本書ではこれらを「知」表記する。「知識」は「知」の一部です「知っていること」と位置づける。前者は広義の定義、後者は狭義の定義と位置づける。前者については植木ほか（2011：6-7）「知の創造と場の概念」に準拠する。
形式知	コード化（テキスト化またはドキュメント化）された成果物。さらに組織的には所在が明示され、誰でもアクセスできる状態ですもの。
経験知	経験知（Experience Knowledge）とは個人が現場経験で体得したり見聞きしたりした中からの「知」。
暗黙知	本書では、Polanyi（1967）による概念とは異なり、暗黙知とは組織内で共有されていないベテラン個人に内在したままの知も暗黙知として扱う。つまり、ベテラン個人としては「聞かれれば私の信念としてこう答える」という信念や経験則であっても表出化されていない知や、形式知化されていても組織内では共有されておらず所在が直ちにはわからない知も含んでいる。
知識移転	（本書では以後、知の移転と称す） 送り手の頭の中にある知を受け手の頭の中に再構築すること。ここで知の再構築とは、単に知っているだけでなく、知ったことが具体的な行動として実行できるレベルまで内面化されることを意味する。この場合受け手と送り手は、共通の組織に属する場合もあるし異なる組織の場合もある。組織内ではチーム活動、組織間ではコミュニティ活動などで「場」の共有の程度が異なる。また知の移転の方法は多数存在する。
知識共有	（本書では以後、知の共有と称す） 送り手の頭の中にある知を、共同化の「場」や内面化を通して、受け手が受け取り、両者がお互いに新たな学びを有ることを言う。
知識共創 知識協創	（本書では以後、知の共創および知の協創と称す） 経験知を必要としている次世代層と、必要とされる経験知を有しているベテラン層が対話場を通して、プロジェクト型組織ビジネスで発生している課題の解決に取り組み、その解決策を見いだす行為を言う。ただし、知の創造を共に行う場合は「共創」、役割を分担している場合は「協創」を用いる。
知識継承	（本書では以後、知の継承と称す） 知の継承または知の伝承は、ベテラン労働者が職場の経験で培ってきた技能・ノウハウを若手が受け取ること。ただし本書においてはベテラン層が行っているのは次世代層への知の移転であり、その結果が世代間で引き継がれる知を扱っており、意図して「継承」しているものではなく、また伝えるという送り手の観点でもない。
知識保持	（本書では以後、知の維持と称す） 同じ組織における組織的な知識の継続的な保持を意味する。知の保持は、同じ組織における知の継承を含んでいるが、知の継承に加えて、組織的な人材育成、定期的な知の管理インフラ、さらには知の復旧などの「保持」の機能を含む。
技能	本書ではスキルとほぼ同義と位置づけている。

注：Davenport and Prusak（1998, 和訳2000：16-25ページ）を基とする内平（2010：12ページ）の定義に準拠し、異なる点を補足。

出典：筆者作成。

[注]
1）ナレッジ・マネジメント。本書では活用的な観点では"知識経営"，分析観点では"知識科学"
　という解釈をしています。
2）DIKW とは，Data（データ），Information（情報），Knowledge（知識），Wisdom（知恵）の頭
　文字を組み合わせた用語。1980 年代，アメリカの組織理論学者 Russell L. Ackoff らが提唱したの
　が始まりと言われています。DIKW は D を底辺として I，K，W の順に積み上がっていくピラミッ
　ド構造となっています。
3）テーラリング。特定のプロジェクトに適するようにひな型を応用すること。ひな型を流用して新
　たなひな型を作成するカスタマイズとは異なる。
4）幹部社員。A 社における管理職の総称。管理職業務に加えてプレーイングマネジメントを行う
　課長職以上の管理職を指す。
5）この組織施策は 2020 年に改訂されています。

第2章

経験知の特徴

　本章では SE 職が関わる技術の特徴と IT 業界における高齢労働者への期待および労働者としての位置づけについて，本書の観点を述べた上で SE 職がどのような技術職に位置づけられるのかを説明します。次に SE 職において経験知が組織的に暗黙知になってしまう背景を説明します。そして，その経験知を有するシニア層に対して次世代層や経営層がどのように考えているのか，予備的なアンケートやインタビューの内容を説明します。

第1節　SE 職が関わる技術の特徴

　IT 人材としてエンジニアリング，マネジメント，ビジネスに関わっている SE 職においては，1980 年代は汎用機技術や UNIX 技術，1990 年代はパソコン（PC）技術や RDB などのオープン化技術，1995 年頃からインターネット技術や社会システム化に対応するソフトウェア開発環境，2005 年頃からクラウド技術やセキュリティ技術などが普及し，現在は AI や DX などデジタル技術を活用したビジネスモデルを創出する時代に入っているなど，短い期間で技術が進化し進化しています（図 2–1 参照）。

　SE 技術には業界標準のフレーム SLCP（Software Life Cycle Process, ISO 12207（JIS X0160））があり，技術が変化し続けてきているプロセス領域を筆者の観点で色付けしています（図 2–2 参照）。この技術領域は「開発や保守の視点」におけるソフトウェア開発技術やセキュリティなどの実装技術領域であり，どの年代においても次世代層（特に若手層）が担ってきています。その他の「企画・要件定義の視点」などの上流工程，稼働前のテスト計画，その他のプロ

図 2-1　SE職観点での IT 技術の変遷

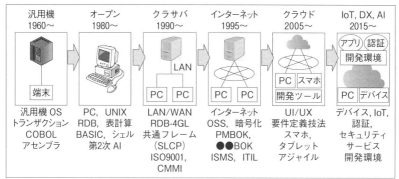

出典：筆者作成。筆者の主観。

図 2-2　SLCP の構成

出典：筆者作成。ISO12207を筆者が模写し，次世代層が得意とする分野を色付け。

セスやマネジメントなどは経験が必要とされる技術領域です。また，この「標準」自体も「ひな型」と位置づけられているものであり，プロジェクトに適するようにテーラリングしたり，顧客向けにカスタマイズしたりすることにも経験が必要です。そのため，これらには主にベテラン層が関わってきています。

　技術は基本的には過去の技術の延長線上にあるものなので，過去の経験知が全く役に立たないということは決して無いのですが，中には大きく変化した技術領域もあります。たとえばベテラン層は長年ウォーターフォール型のマネジメントを実践してきていますが近年は開発急速にアジャイル型のマネジメントスタイルが増加してきています。また，スマートフォンやエッジや AI などの

技術などは急速に進化してきています。このように技術が短いサイクルで変化している職種においては，ベテラン層と次世代層とが得意とする技術領域を分担し，協業してプロジェクトを遂行しているという特徴があります。

　短いサイクルで変化することに加え，これらの技術領域は深く専門化してきています。このため，1人の有識者がすべての技術領域をカバーすることは難しく，IT技術を提供する側である「ITベンダー」においては多様な人材スキルに細分化されています（表2-1参照）。一方，IT技術を利用する側である「ITユーザー企業」においては別の呼称のスキルが定義されていますが，ベテラン層と次世代層とに期待されるスキルや役割には「ITベンダー」と類似しているものがあります。

　現在のベテラン層は1人で幅広い技術領域に関する経験を経る機会が有りましたが，技術の細分化により特定の技術を深く習得する機会が増えたことで，幅広い領域に関わる機会が減っているようです。かつ，ITシステムが次第に社会システムとして重要視されるようになってきたことで，従前のように失敗して学ばせる機会も減ってきたため，今の次世代層は失敗経験からの学びが不足しているのではないか，と考えているベテラン層もいるようです。

表2-1　SE技術のプロセスカテゴリ軸とIT人材スキル

開発フェーズカテゴリ軸		これまでのIT人材	これからのIT人材
実世界	経営	コンサルタント	ビジネス・デザイナー
	業務		UX／UIデザイナー
インターフェース	システム要件	システム・アーキテクト	プロダクト・マネージャー
システム	アプリケーション	アプリ系開発技術者	プログラマ
	アプリケーション基盤		テック・リード
	システム基盤	インフラ系技術者	データ・サイエンティスト 先進技術エンジニア
	運用・保守	運用・サービス技術者	
	移行準備		
マネジメント	開発支援	品質管理	
	マネジメント	プロジェクト・マネージャー	プロジェクト・マネージャー

注：開発フェーズのカテゴリ軸はA社SE部門の呼称。人材名称はITベンダーの技術者分類（『IT人材白書2020』（情報処理推進機構　社会基盤センター，24ページ）を筆者推定で対応付け。
出典：筆者作成。

本節のまとめ

　IT 業界は技術が短いサイクルで変化を続け，細分化してきていることから，技術が専門化してきています。ベテラン層と次世代層がこれらの技術分野を役割分担しています。

第 2 節　IT 業界における高齢労働者への期待

　高齢労働者は産業界からは労働力として期待されているのでしょうか。

　『令和 2 年度「能力開発基本調査」』（厚生労働省，2020b：33-35 ページ）の「図 52　職業能力評価に係る取り組みに問題を感じる事業所」では全体で 68.3％，産業別では「情報通信業」は 79.9％となって第 1 位となっています。その中で「図 55　技能継承の取組の内容」では「中途採用を増やしている」（47.9％，第 1 位），「退職者の中から必要な者を選抜して雇用延長，嘱託による再雇用を行い，指導者として活用している」（46.6％，第 2 位），「若年・中堅層への技能・ノウハウの伝承」が（21.6％，第 5 位），「技能・ノウハウの文書化・DB 化・マニュアル化」は（20.1％，第 6 位）となっています。このように，第 2 位と第 5 位まで高齢者労働者に対しての技能継承という観点で一定の期待は存在しています。

　『2021 年版ものづくり白書』（経済産業省ほか，2021：139 ページ）の「図 214-5 ものづくり人材の育成・能力開発のために実施している取組」はデジタル化が普及し進展する中でのものづくりに関わる人材確保をテーマにしているものです。「日常業務の中で上司や先輩が指導する」（約 65％，第 1 位），「業務時間内にベテランが伝承すべき技術・技能について指導・訓練する」（約 45％，第 3 位）となっていて，DX の時代になってもベテラン活用の必要性が指摘されています。ただし製造業全般を対象とした調査であり，60 代以後のシニア層までを含んでいるのかは不明です。

　では，高齢労働者にはどのような分野の業務が期待されているのでしょうか。IT 技術を提供する側である『コンピュータソフトウェア業　高齢者雇用推進ガイドライン（平成 28 年)』（コンピュータソフトウェア協会，2016：30 ページ）において，技術者を定年後も雇用するメリットを質問しているものです。

その選択肢として「非常にそう思う」と「どちらかというとそう思う」を加算した合計値は，「豊富な経験・人脈を活用できる」76.0％，「技術・知識・ノウハウが職場の若年層等に継承できる」67.6％，「会社の業務やルールに精通して意志疎通がスムーズにできる」61.7％，「高い技術・スキルを活用できる」59.7％となっています。このように，高齢労働者を雇用する期待は存在していることがわかります。

　次に，IT技術を利用する側のITユーザー企業団体の調べとして『情報サービス業（情報子会社等）におけるシニア人材活用に関するガイドライン』（日本情報システム・ユーザー協会，2020b：10-25ページ）において，60代以上の雇用者が現在の3.8％から19.5％に増加することを想定し，シニアが働きやすい環境の整備が述べられています。そのシニアに対して「若手人材に対する技術伝承や人材育成支援」を実施または実施予定としている回答が66.7％を占めています。その業務範囲として，SEやPM（プロジェクト・マネージャー），企画や品質管理業務が上位を占めています。

　また，『50代・60代の働き方に関する意識と実態』（明治安田生命生活福祉研究所，2018：21ページ）では会社が期待する役割として，「専門知識・ノウハウの提供」が約5割，「次世代の指導・助言的役割」が約4割，「第一線での活躍」が約3割となっています。

　『高齢化・人口減少社会におけるシニア研究者・開発技術者に望まれる役割』（高柳・小林，2004）では官民の研究機関に対してシニア活用に関するアンケートを行っています。官民共に国内研究機関のマネジメントの多くがシニア研究者・開発技術者を活用したい意向を持っており，指導者的な役割とコンサルタント的な役割を期待していること，阻害要因として給与と現役世代との役職のアンバランスを指摘しています。『Peer Effects on Job Satisfaction from Exposure to Elderly Workers』（川太・大湾，2020）は「すでに社内に存在し，今後も増えていくであろう高齢社員をいかにして活用していくかが最も重要な問題である」（筆者和訳）と述べています。高齢労働者と接触する現役世代の職務満足度の調査としては，知を受け取る年代層ごとに得られる効果と満足度が異なるなど，プラスとマイナスの両方の側面があると述べています。また，年齢差が有ることで高齢社員とのコミュニケーションや信頼関係構築に影響を

与えている反面，高齢社員と一緒に働くことで「訓練機会」が充実したと感じている若手社員も存在していることも述べています。このようにメリットとデメリットの両方が有るようです。

本節のまとめ

　IT業界は人材が不足する状況が今後も続くことから，シニア人材はその労働力を補完する選択肢の1つと考えられています。高年齢の技術者の高い技術やスキルを活用できることに加えて，次世代を指導したり育成したりする役割が期待されています。ただし，高齢の専門家と現役世代が協働で仕事を行うことにはメリットとデメリットの両方が指摘されています。

第3節　ホワイトカラーと知識労働者

　本節ではSE職がどのような職種に位置づけられているのかを確認します。SE職はシステム構築やその運用に関わっていますが，主にソフトウェアなどの「目に見えない」技術に関わっていることから「ものづくり」に関わる技術なのか否かわかりません。また，設計書などのドキュメントを作成したり，プロジェクトのステークホルダーと調整したりする業務はホワイトカラーなのでしょうか。これらの関係が示せれば本書の結果をSE職以外の他の職種にも応用する範囲を示唆することができるものと考えられます。

1．ホワイトカラー

　『ホワイトカラー高齢社員の活躍をめぐる現状・課題と取り組み』（日本経済団体連合会（通称：経団連），2016）の中では，「管理的職業従事者」「専門的・技術的職業従事者」「事務従事者」「販売従事者」「サービス職業従事者」を「ホワイトカラー」と定義しています。そして，ホワイトカラーの高齢社員に企業が期待するものとして「今まで培った経験等を活かした専門能力の発揮」（50.0％），「スキルやノウハウ，人脈や顧客等の継承を通した次世代の指導」（38.1％）となっています。本書が対象としているSE職は「専門的・技術的職業従事者」「サービス職業従事者」に該当し，幹部社員であったシニア層は

「管理的職業従事者」も継続していますので，シニア層も含めて「ホワイトカラーに属する」と考えられます。

　「技能伝承の実態と後継者育成」（山藤, 2009）の中で「技能には製造に直接関わる人が経験によって獲得したものづくり能力」を「狭義の技能」とし，「工学の知識や経営管理，業務手順，業務手続き，根回しのやり方，書類の起こし方，などの多くのノウハウやスキルが必要になる」ホワイトカラー的業務を行う能力を「広義の技能」としています。そして「狭義の技能に留まらず，技術者や管理者に求められるホワイトカラー的ノウハウやスキル，例えば判断力や決断力などのマネジメント能力から企画力・構想力のような業務遂行能力までを包含して伝承することが肝要」と述べています。SE 職はシステム構築やプログラミングなどの製造工程も担当し，大半はプロジェクト型組織活動における課題解決行動に従事していることから「広義の技能」である「ホワイトカラー的なものづくり能力」に該当する職種に該当します。

2．知識労働者

　『ナレッジワーカー』（Davenport, 2005, 和訳 2006：28-30 ページ）では知識労働者を「高度な専門能力，教育または経験を備えており，主に知識の創造，伝達，または応用を目的として働く者」と定義しています。ただし，業種に関わらず，知識の創造，伝達，応用を主たる目的とし，高度な教育と専門能力を有していることを条件としています。また「仕事はほかの業務との相互依存度が高く複雑であるため，部門や地域の違いも時差も超えて特には他社とも効果的に協働する必要がある」と述べていいます。SE 職はミドルアップダウン活動（野中・遠山・平田, 2010：96 ページ）を行いながら問題解決のための知識創造をしていますので，知識労働者に該当すると考えられます。

3．新興の専門職

　『知識労働者のキャリア発達』（三輪, 2011：27-42 ページ）は知識労働者（Knowledge Workers）とは「自らの知識をもとに自律的に思考し，何らかの価値を生み出せる労働者」であり，「他者と協調できる人たち」としています。また「顧客の問題を解決するソリューション営業も知識労働者とみなせる」と

述べています。そして,「新興の専門職が, プロフェッショナルよりも学際的・複合的な知識を用いて働き, チームワークなどを重視する」と述べ, ソフトウェア技術者, コンサルタント, プランナー, アナリスト, プロデューサーなどを挙げています。また,「多くの新興の専門職の仕事は, 実践的な応用や問題解決に重点が置かれるため, 使用する知識は専門的なものだけでなく, 幅広く文脈的な知識も多い」と述べています。このことから技術営業職を含めてSE職は実践的な応用や問題解決を行う知識労働者であり, 新興の専門職に該当すると考えられます。

　また「プロフェッショナルへの成長プロセス:経験学習の観点から」(松尾, 2012) の中ので, 適応的熟達者の特徴として, 他者への援助や奉仕をする気持ちも持っている人を「プロフェッショナル」と述べています。このことから本書で扱うベテラン層は次世代層への成長を願っていることから「プロフェッショナル」に該当します。これらのことからSE職は「広義のものづくりに関わる知的労働を行う新興の専門職でありホワイトカラーに属する職種」であると言えます (図2–3参照)。

図 2-3　SE 職の位置づけ

注:Davenport (和訳 2006), 三輪 (2011), 山藤 (2009) を元に SE 職の位置づけを図化。
出典:筆者作成。

本節のまとめ

　SE 職は「広義のものづくりに関わる知的労働を行う新興の専門職でありホワイトカラーに属する職種」であると言えます。また，ベテラン層は次世代層への成長を支援していることから「プロフェッショナル」に該当します。したがって，本書で扱っている事柄は SE 職に類似似する職種へ適用できる可能性がありますが，その範囲を見極めることは本書は目的としていません。

第4節　経験知とその移転の難しさ

　本節では SE 部門における有益な知がなぜ組織的に暗黙知となってしまうのかについての筆者の考えを述べます。

1．SE 部門における有益な知

　提案書や設計書などのドキュメント（成果物）が作成されると，最初に，複数の選択肢，優先に対する考え方，リスク識別，リスクに対する考え方，などに対してプロジェクトに対する想いなどの経験知を用いてレビューされると思います。その後の複数回の会議などでレビューによる改版が繰り返されるうちに，関係者から共通認識された事柄は次の過程の成果物では次第に省略されてゆきます。そして，Q（品質）・C（コスト）・D（スケジュール）・スコープ（範囲）などの制約事項や前提条件などのバランスを考慮しながら，判断基準や理由をもとに，合意された結果が最終的な形式知（成果物）として組織に残されます。つまり，その途中の過程の形式知（中間成果物）は長く保存されることはなく，大抵の場合はプロジェクト終了後に廃棄されてしまいます（図2-4参照）。

　このように，本当に重要で貴重な"知"は，ある成果物から次の成果物へ内容を充実させるために，会議などの共同化の場において交わされる対話などのコンテキストなのですが，この内，共通認識された事柄は次第に省略され抜け落ちてしまっています（原因1）。また，一部のコンテキストが含まれている中間成果物は最終的には廃棄され形式知として残されることはありません（原因2）。したがって，最終版の形式知を次のプロジェクトで再利用しようとし

図 2-4　SE 部門における有益な知

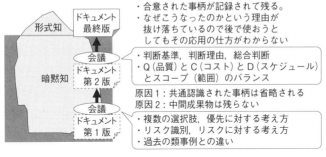

出典：筆者作成。

ても，なぜこうなったのかという理由や判断基準が抜け落ちていますので，後でその形式知を使おうとしてもその応用の仕方がわからなくなっています。そのため，まず当時を知る有識者が誰であるかを知る人を探し出し，その人から紹介された有識者に当時のコンテキストを聞き出すことになります。これがベテラン層の経験知が必要とされる背景であると考えています。

2．個人知としてベテラン層に内在する暗黙知

　経験知を伝えるためには表出化する必要があるとされています。そこでこの流れを SECI モデルで説明します（図 2-5 参照）。

　表出化（Externalization）プロセスにおいてプロジェクト振り返りの場を持つことで，「次のプロジェクトで再利用できる成果物」を識別して事例集などを概念的知識資産として形式知することができます。ただし，前述のようにコンテキストが充分に書き残されているとは言えません。また，プロジェクトというビジネス形態では，企画，開発（設計，製造，テスト），運用などのフェーズごとに担当者が交代・引き継いでゆきますので，プロジェクト終了時点ではほとんどの関係者が次のプロジェクトに再配置されています。そのため，振り返り会を開催して関係者にヒアリングしようとしても，お互いに多忙なためその機会を設けることが難しくなっています。また，当人自身は苦労した過程がノウハウであると気づいていないことが多く，有識者がインタビューを行ってノウハウを表出化する必要があるのですが，誰もが優れたインタビュアーにな

図2-5　知識資産の流れ

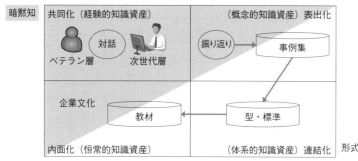

注：『流れを経営する』（野中・遠山・平田，2010：81ページ）では感覚的知識資産，コンセプト知識資産，システム知識資産，ルーティン知識資産という呼称，『知識創造企業　新装版』（Nonaka and Takeuchi, 1995, 訳2020：122ページ）では共感知，概念知，体系知，操作知という呼称も用いられていますが，知識資産名は野中・梅本（2001）を採用しています。

出典：筆者作成。

れる訳ではないので，ヒアリングは量的に限られてしまいます。また，事例集として纏められたとしてもプロジェクト固有の背景や固有名詞は隠蔽する必要があり，公開しても支障の無い内容となってしまいます。結局コンテキストが残されていません。

　連結化（Combination）プロセスにおける体系的知識資産は図2-2「SLCPの構成」などが該当します。一般的には各社で独自にこのような標準や適用のための型や標準と称されるひな型が整備されています。ベテラン層の中には，考え方やマインドなどのDNAであると主張する人もいますが，これらの大半は企業文化であり形式知化はされていません。

　内面化（Internalization）プロセスにおいて事例集や型・標準をもとに実践ケースを想定した体験型教材やテーラリングマニュアルを整備する方法があります。特にプロジェクト・マネジメントや品質管理などのプロセス教育に優れた方法です。ただし，過去のケースから将来起こりうるケースを想定していますので，すべてをカバーしている訳ではありません。また，多くのスキルを予め次世代層に与えて置く方法なので，人員数が今後は増える見込みのない次世代層に伝えることには効率的ではないかもしれません。

　共同化（Socialization）プロセスにおいて対話を通してノウハウが伝えられています。以前の世代においてはベテランの背中を見て若手が学ぶという方法が可能であったかもしれません。なお，メンタリングなどを用いて次世代層を育成する方式もありますが，徒弟的な人材育成の面では優れた方法ですがメンタリングスキルはベテラン層であっても誰もが有している訳ではなく，当人同士に関わる事柄が会話されていることから，これを表出化し公開することはありません。また，メンタル面での支援であり，必ずしも経験知を伝えている訳ではありません。

　前述のいずれの方法でもベテラン層が有する大半が暗黙知となっている経験知が表出化されているとは言えません。したがって経験知を次世代層に移転することは難しく，効果的・効率的な知の移転方法はどうあるべきか模索が続いています。ただし，近年は中間成果物を残せるような優れたナレッジ共有ツールが普及していますので，AI 技術を用いてノウハウを抽出することは可能になるかもしれません。また，アジャイル開発技法を用いれば，少人数のチームであれば，共有している暗黙知を表出化する機会は得られるかもしれませんが，それを次のプロジェクトで適用可能な知識資産にするためには，可能な限りのコンテキストを表出化する必要があると考えられます。

本節のまとめ

　成果物を作成する過程で，共通認識された事柄は次第に省略され，廃棄されるなどによって形式知として残されることはありません。そのため，最終版の形式知を次のプロジェクトで再利用しようとしても，現場の本当のノウハウと位置づけられる，なぜこうなったのかという理由が抜け落ちています。そのため後で使おうとしてもその応用の仕方がわからなくなっています。したがって，まず当時を知るベテランとその経験知が必要とされることになります。

第 5 節　多様な意見：次世代層とシニア層から

　本節では，次世代層がシニア層にどのような期待をしているのかを説明します。予備的な調査であり，本書の研究を開始する動機に相当するものです。

1．予備調査

　シニア層に対して与えられた「知の継承と次世代育成」というミッションについて，シニア層と次世代層がそれぞれどのように考えているのか予備調査を行っています。知の受け手は中堅層（次世代層の一部）に絞り，インタビューを筆記録し，後から筆者が設けた質問項目に分解しています。知の送り手であるシニア層に対してはインタビューと質問紙によるアンケート形式を併用しています。これらの特徴的な回答を表2-2に示します。

　質問1「シニア層が扱う知にはどのような特徴があるのか？」
　中堅層からは以下のような回答が該当します。
・同じことが繰り返されないよう，組織や技術の経緯を教えてほしい。
・特に上司に何かを説得するのにこうした方が良いという完成度の高い知識を有しているリレーションの有る人を知っているところが違う。
・変更理由とか判断基準とかダメだという理由から進め方がわかる。
・トラブル自体を発生させなくする工夫。文書には残っていない。
・たとえばチェックシート自体がどういう経緯で出来たのか知りたい。

　質問1-1「シニア層が有する知にはどのような類があるのか？」については，顧客や他部門の組織の特徴や留意点など主に現業の業務知識に関する用語が示されています。さらに踏み込んで質問1-2「シニア社員だからこそという知は何か？」については，中堅層からは課題解決に繋がる人脈の作り方や態度が含まれています。振る舞いとか余裕などの用語から，周囲の人を納得させられる行動様式も含まれていることがわかります。これに対してシニア層からは，前者については失敗体験とか実践経験とか問題解決への引き出しなどの自己の経験知を表現する用語，後者については視野のやったことがあるという実践から得られるような用語が示されています。ただし，中堅層からの回答の中には，当然予想されることですが，自慢話は害になるという指摘もあります。このように，中堅層が期待するシニア層の経験知は存在していますが，それでもその種類や特徴が明確になっているとはとは言えません。

表 2-2　A 社 SE 部門における予備調査

	中堅層（次世代層，知の受け手）	シニア層（知の送り手）
人数	インタビュー 10 名	インタビュー 5 名， アンケート 27 名
質問 1	シニア層が扱う知にはどのような特徴が有るのか？	
質問 1-1	シニア層が有する知にはどのよう種類が有るのか？	
回答	顧客や他部門の特徴，プロジェクト推進上の留意点，人脈の作り方，豊富な経験【現業の業務知識】	成功体験，失敗体験，実践経験，解決への引き出し，勘どころ，人間力【自己の経験知】
質問 1-2	その中でシニア社員だからこそという知は何か？	
回答	人脈の作り方，変遷（来歴），トラブル時の振る舞い，見渡せる余裕，言葉使い【課題解決に繋がる人脈や態度】	視野の広さ，切り抜け方，折衝経験，危機管理，甘辛判断，設計思想【やったことがある】
質問 2	どのように次世代層に知を移転したら良いと考えるか？	
質問 2-1	今まで受けた知の中の何が良かったか？	これまで知を上手く伝えられてきたか？
回答	トラブル時の振る舞い，顧客や上司を説得する資料や会議の言葉使い【問題解決に繋がった知】	伝えられた。でも個人対個人で組織的ではない。難しかった。伝わったかどうかわからない。ほか多様。
質問 2-2	今後はどのように知を受け取りたいか？	今後はどのように知を伝えたいか？
回答	気軽に相談したい，会議に同席してアドバイス，予め形式知化しておいてほしいが助けてほしい時に助けて【PULL 型】	マンツーマンで原理原則を口頭で伝えたい 実践教育を通して伝えられる【PUSH 型】
質問 3	なぜ今なら知が移転できるようになったと思うか？	
回答	職場に居るシニアは知っているがシニアが何をしてくれる組織なのか知らない【わからない】	シニア組織が設立され環境が整った，時間が取れるようになった【ミッションになった】
質問 4	何を目標とするか？どうなったらそれが達成できたと言えるのか？	
回答	自己が評価されること【自分への貢献】	会社への貢献【客観的な評価】

注：調査期間：2016 年 12 月～2017 年 4 月。"知" は質問文では "ナレッジ" という語を使用。
出典：筆者作成。

質問 2「どのように次世代層に知を移転したら良いと考えるか？」
質問 2ではシニア層に対する表現と中堅層に対する表現を変えています。
中堅層からのインタビューでは以下のような回答が得られています。
・上司を説得させられる言葉の使い方。審査会などに同席してアドバイス役

になってほしい。自分たちでは押さてしまうからコメントして説得してほしい。数名からも同様回答有り。

・お客様向けや上司向け報告書の書き方は有益である。人生経験の豊富なシニアは頼りになる。

・人脈の築き方。何をするにも人との接し方が肝。

・トラブルが起きた時の立ち振る舞い。意見がぶつかった時のネゴシエーション，話し方とかお詫びをする時や困った時の対応や態度がシニアは違う。笑いながら差し合いをしている時も見てきた。

・以前直接クレームを言ったら素直に謝ってくれ態度を改めてくれた。その後は信頼できる人だと思った。

　質問2-1「今まで受けた知の中の何が良かったか？」については課題解決に繋がった知に価値があると認識され，質問2-2「今後はどのように知を受け取りたいか？」については「助けてほしい時に助けて」というオンデマンドかつPULL型となっています。

　これに対してシニア層からの質問2-1「これまで知を上手く伝えられてきたか？」については，伝えられたという回答と難しかったという回答が混在し，質問2-2「今後はどのように知を伝えたいか？」についてはPUSH型の用語が示されています。

　中堅層とシニア層の受け取り方・伝え方のタイミングの差異は対照的です。このことから経験知が「伝わる」ためには受け手からの視点が重要であると考えられます。ではシニア層はどのように伝えたら良いのでしょうか？　その方法は実際にはどのように次世代層に受け取られているのでしょうか？

　質問3「なぜ今なら知が移転できるようになったと思うか？」

　この質問は現在の状況認識を問うものです。これまでは多忙だったが，役職定年となったり嘱託・再雇用となったりして立場や役割が変わり，次世代育成がミッションになって時間が確保できるようになったシニア層に対して，知が受け取れるのか「わからない」という中堅層の回答からは，まだまだ始まったばかりということがうかがえます。中堅層はシニア層の経験知を期待はしてい

ますがまだその効果を実感できていないようです。経験知の移転は中堅層の学びにつながっているのでしょうか？　また，知を伝える側のシニア層は中堅層に対して経験知を活かして自己の存在価値を示そうとしているはずですが，実際にはどのような関わり方をしようとしているのでしょうか？　経験知を伝えたシニア層も何らかの学びを得ているのでしょうか？

　質問 4「何を目標とするか？どうなったら達成できたと言えるのか？」
　ミッションとして知を伝えたいシニア層と自分の評価に繋げたい中堅層との間には期待にも差異が有ります。経験知の移転を促進するためにはどのようにしたら良いのか？　という問いが出てきます。

２．予備調査における印象
　インタビューにおいては自由に発言していただいていますので，多様な発言がでています。たとえば，「シニアが組織化されましたが，どのように思いますか？」という質問に対して，ある中堅層のインタビュイーからは，発言冒頭からシニアの資質に対する問題指摘が出ています。

　　「元幹部社員だったから，スキルがある人だから，実績がある人だから，といっても（その組織に）値する人かどうかはわからない。人間的などうかと思う人や，期日（優先）だけで（仕事して）きた人もいるので，その人が本当に処遇に見合うのだろうか？　シニア組織に転籍する際にジャッジが有っても良いと思う。……（途中略）……期待する知識は有るけれども，今まで上司だった人に意見は言いづらい。だから，新たな価値を出せるか，という精査をした方が良い」。

　この発言に続いて，○○さんは□□□の知識が豊富，△△さんはいつでも気軽に声を掛けてくれる，◇◇さんは今の技術に合わせて説明してくれる，といったように，個人名を挙げて数名のシニアの優れた点をそれぞれ列挙しています。このように，経験知の価値を問う前に，人間性がより重視されていることが指摘されています。

　別の差異も見受けられます。シニア層においては，相談窓口を開設したり，表出化した形式知を一覧化したり，それなりの工夫をしても，周知が浸透しない，価値がなかなか理解されない，などが悩みのようです。これに対して次世代層からは，「どのような経験知を誰が有しているのかわからず，顔の見えない相手にいきなり聞けない」という意見があり，経験知とそれを有するベテラン層の存在の見える化が求められているようです。ただし，シニア1人ひとり専門が異なることから，DB化できたとしても，それをシニア組織として施策化することは実際には難しいようです。

3．経験知の表現

　この調査回答の中で用いられている"知"の表現を表2-3に整理します。

表2-3　A社 SE 部門で使用されている知の用語

知の表現	分類
失敗経験，成功体験，顧客や他部門の特徴，変遷（来歴），実践経験	事実としての知識
知恵（智恵），勘どころ，教訓，留意点	基準（気づき・区別）
原理原則，視点，アナロジー，視野の広さ，ポリシー，世界観，課題解決の引き出し，甘辛判断，設計思想	考え方（認識・推測）
見渡せる余裕，人間力，応用力，知恵（智恵）	判断についての知恵
人脈の作り方，交渉力，説得の仕方，トラブル時の振る舞い	行動の仕方

　注：表2-2の調査から主な用語を抽出。分類は筆者案。
　出典：筆者作成。

本節のまとめ

　前提を設けずに中堅層とシニア層の両者から「知の継承と次世代育成」についてどのように考えているのか調査を行い，いくつかの見解の相違が確認できています。その結果からも本書のテーマの存在がわかります。
　1）中堅層が期待するシニア層の経験知は存在していますが，その経験知の特徴は明らかであるとは言えません。
　　⇒問1：次世代層が期待するベテラン層の経験知にはどのような特徴があるのか？
　2）PUSH型で伝えたいシニア層とオンデマンドでPULL型を受け取りた

い中堅層との間には伝え方と受け取り方の期待の差異が存在しています。うまく伝えるためにはどのようにしたら良いのでしょうか？　その方法は実際にはどのように中堅層に受け取られているのでしょうか？

⇒問2：経験知の伝え方と受け取り方にはどのような差異があるのか？

3）中堅層は経験知を期待はしていますがその効果を実感できていないようです。中堅層の問題解決への寄与や学びにつながっているのでしょうか？またシニア層も何らかの学びを得ているのでしょうか？

⇒問3：経験知の移転によって次世代層とベテラン層はそれぞれどのような学びを得ているのか？

4）ミッションとして知を伝えたいシニア層と自分の評価に繋げたい中堅層との間には期待にも差異が有ります。経験知の移転を促進するためにはどのようにしたら良いのでしょうか？

⇒問4：ベテラン層と次世代層が知の協創をするために必要となる条件（または障壁）は何か？

5）役職定年や嘱託・再雇用となったりして立場や役割が変わっているシニア層は経験知を活かして自己の存在価値を示そうとしています。実際にはどのような関わり方をしようとしているのでしょうか？

⇒問5：経験知を伝えることに対してベテラン層はどのように向き合っているのか？

第6節　多様な意見：経営層や職場から

本節では経営層および職場からの期待と課題認識を説明します。

1．経営層からの意見

経営層3名からインタビューしています。3名それぞれ意見が異なっていることから経験知とシニア層の存在価値のいずれも定まっていないようです。

経営者A氏：シニア組織の部門長

（2017年3月2日（木）16：00～17：15, 対面，筆記録抜粋）

　「シニア社員を集めて企業として戦力化に取り組む必要性が出てきた。まずは自立を迫られている。経験とノウハウを豊富に持つシニア組織として知識資産は充分であり，強い意味でビジネスに成りうると考える。知識には2通りの捉え方がある。1つ目はビジネスに使えるという知識でこれはSECIモデルが合うと思う。2つ目はシニアの経験とノウハウという暗黙知である。技術系と人間系にまたがる領域のマネジメントと人間力についての知見と考える（A氏が図2-6を板書）。

図2-6　シニアが有する経験知の領域

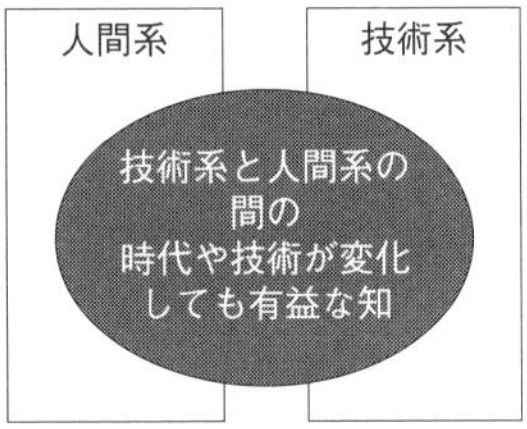

出典：経営者A氏が板書した図を筆者が模写。

　ここの知識はいつの時代でも不変であり，シニアにはその実績が有る。知見を伝承してゆくためには，人，モノ，場の3つが重要である。1つ目の人とはコーチング，ゼミ，メンタリング，などを通してノウハウを伝える役目を持つ。2つ目のモノは知見であり，知識をどう抽出して体系化し，さらに人がどう関わっているかを事例として作れるかと考える。最後に場である。実践する場が大事であり，コニミュニティ，ゼミ，メンタリング，などの共有する場に出向いてやってゆきたい。シニア組織が関わる知識は人材育成という分野に絞るとすれば一人前の専門家を何人育てるといかいう間接的な方法である程度は測定可能と考える。知見を整備しただけでは不十分であるから野中理論に沿って汎用化しないと使えない。知識を使うビジネスだから，成長するためにはコーチングなど伝える技術の改善や工夫が必要でありシニアも学んで成長する場を設けることにした。全員元幹部社員であるのでできるだけ意見を引き出したい」。

シニア層が有する有益な知とは「時代や技術が変化しても有益な技術系と人

間系にまたがる領域のマネジメントと人間力についての知見」という認識を
持っているようです。また，労働戦力化という経営課題に対して，経験して得
られる知見を重要なリソースとして考えていることがわかります。

経営者Ｂ氏：SE技術部門の部門長
（2020年10月，ネットでのインタビューを筆者が筆記録し要約）

　「まずは徹底した標準化であって7割は可能，残りの3割は個人が自ら身
につけるもの。経験知を伝えるという考え方が違うのではないか。人が人を
育てて戦う力を育てることは良いが，押しつけでは上手くゆかない。アサー
ティブにならないと上手くゆかない。（シニアは）伝えるとか教えるとかで
はなくて，起きている現実の中でその問題を実際に捌けること，そしてそれ
をやって見せることではないか。先輩が必死でやっていることを見て現役世
代は学んでいるはず。背中を見せる先輩の方が一目置かれる。現役同様に現
実に背中を見せるような活躍をシニアには期待している」。

　経営者Ｂ氏はシニアが有する経験知の価値は否定していませんが，ベテラン
層が現役同様に現場で一緒に仕事をしていれば（その背中を見て）若手層は学
べるはずだから，わざわざ経験知を伝える（という行為や活動など意図して対
話を行う）必要は無い，と考えていることがわかります。シニア層に対して
は，いつの年代でも「やる気」が重要であるとして『モチベーション3.0』
(Daniel Pink, 2010, 和訳2015) に沿うことを期待しています。

経営者Ｃ氏：SE技術部門の元部門長
（2020年12月，ネットでのインタビューを筆者が筆記録し抜粋）

　「本気でシニアビジネスをやるなら社外向けにサービスを提供すべきであ
る。PM（プロジェクト・マネージャー）は現場へ戻って現役として活躍す
るなら価値がある。シニアが活かせるのは実践の場であって，過去の知識は
使えない。社内だけでやっているだけではダメで，プロフェッショナルとし

てPMOとか，個人事業主になれば良い。会社を辞めて半年は試し雇用でお客に認めてもらって初めてどれだけの年収が貰えるかが決まる。チャレンジする意欲が欲しい。最近のオブジェクト思考やアジャイル開発を知らないで学びを止めているなら価値が上がらない。後輩に伝えることができるのは実践のみ。JOB型になったのだから社外で仕事を探すべきだろう」。

　経営者C氏はシニアの存在価値を否定はしていませんが，有する知の活用先に対しては「ベテラン層は自己のキャリアを優先すべきでその知見を活かしてどんどん社外へ転出する方が良い」と述べています。企業活性化のためには世代の若返りの方が効果的と考えているようです。

2．職場からの意見

　各職場の現役幹部社員数名にも簡易なインタビューをしたところ，次世代層を育成する方法は職場や人によって多様な考え方があって一定していないようです。

- 「嘱託・再雇用であっても，もともとここの組織の幹部社員だったのだから，遠慮せずに現役同様に仕事をしてほしい。その方が効率的な組織運営ができる」（幹部社員D氏）。この発言の中には，職場に留まっている年長者（シニア層）に対しての遠慮があるようです。
- 「職場のメンバがシニアに頼ってしまい，自ら学ばなくなるから，シニアは口や手を出さず，見守っていてほしい」（幹部社員E氏）いう意見に対し，該当するシニアは最遅介入という対応をしているようです。失敗する直前のタンミングがシニア自身の経験から感知できるので，普段は次世代層に任せておいて，タイミングをキャッチして必要に応じて助言や次世代の代理としての業務代行することで背中を見せる，という対応をしているとのことでした。
- 「同じ問題が繰り返し起きないよう過去の経緯を中堅層に伝えておいてほしい」（幹部社員F氏）などの期待も存在しています。これらは組織の再編や上司の交代によって似たような問題が過去に発生していることを示し

ています。この場合のシニアは経過過程や理由と当時のステークホルダー各人の立場や見解を書き残すよう努めていました。

　このように，シニアを組織化したことの背景と主旨はシニア層には通達されてはいますが，職場には充分に周知されていないようです。また，次世代層の育成のミッションが与えられてはいてもその方法や評価基準が各職場任せになっており，経験知およびそれを有するシニアの価値は定まっていないようです。読者みなさんの職場の状況はいかがでしょうか。

第 7 節　本章のまとめ

　IT 業界は技術が短いサイクルで変化を続け，細分化してきていることから，技術が専門化してきています。ベテラン層と次世代層がこれらの技術分野を役割分担しています。

　IT 業界は人材が不足する状況が今後も続くことから，シニア人材はその労働力を補完する選択肢のひとつと考えられています。高年齢の技術者の高い技術やスキルを活用できることに加えて，次世代を指導したり育成したりする役割が期待されています。ただし，高齢の専門家と現役世代が協働で仕事を行うことにはメリットとデメリットの両方が指摘されています。

　SE 職は「広義のものづくりに関わる知的労働を行う新興の専門職でありホワイトカラーに属する職種」であると言えます。また，ベテラン層は次世代層への成長を支援していることから「プロフェッショナル」に該当します。

　成果物を作成する過程で，共通認識された事柄は次第に省略され，廃棄されるなどによって形式知として残されることはありません。そのため，最終版の形式知を次のプロジェクトで再利用しようとしても，現場の本当のノウハウと位置づけられる，なぜこうなったのかという理由が抜け落ちています。そのため後で使おうとしてもその応用の仕方がわからなくなっています。したがって，まず当時を知るベテランとその経験知が必要とされることになります。

　A 社 SE 部門におけるベテラン層と次世代層の双方に対する予備調査で，双方の期待には差異が見受けられます。そのため，本書のような研究をする価値

がありそうです。また経営層の中でも，シニア層を含むベテラン層が有する経験知とその人材に期待する人，次世代層は先輩の背中を見て学ぶからわざわざ経験知を伝える行為をしなくても良いと考える人，有しているスキルを活かして広く社会へ転出を促す人など多様な意見が出ています。

　このように，経験知の価値と活用方法，その経験知を有するベテラン層の存在価値と活用方法は定まっていないようです。本書はベテラン層が有する組織的には暗黙知となっている経験知という人材に着目し，その価値を，知を受け取る側の次世代層から明らかにしようとするものです。

第3章
先行研究レビュー

　本書では知識や知恵などの多様な用語で表される経験知を対象としていますので，これらの語や，その伝え方や受け取り方，学びなどについての先行研究をレビューし，本書としてどのようにそれらを適用するのかについての見解を述べます。**なお，内容が難しく感じる方は本章を読みとばしていただいてかまいません。**

- 第1節：これまでの知の継承方法を振り返ります。
- 第2節：経験知をどのような種類で分類できるのかをレビューします。これは研究課題1に対する対策も考慮します。
- 第3節：暗黙知である経験知について"知の概念"上の位置づけをレビューします。これは研究課題2に対する対策も考慮します。
- 第4節：経験知の大半は暗黙知であることから，誰でも暗黙知を解せるわけではないので，どのような人なら理解できるのか，熟達度との関係をレビューします。
- 第5節：知を受け取る方法や理解方法をレビューします。
- 第6節：知を獲得することによる能力向上への寄与と学びの関係をレビューします。
- 第7節：有している知を他者へ移転する際の促進（または阻害）要因をレビューします。研究課題3についての対策も考慮します。
- 第8節：ベテラン層の振る舞いについて知識リーダーシップの観点をレビューします。

なお本章では「知識」という語は原文のまま用いています（狭義と広義が区別されていません）。

第1節　これまでの知の継承

　高齢の専門家の知を継承する取り組みはこれまでにも行われてきました。特に団塊（ベビーブーマー）世代が60歳前後で退職を迎える2007年問題，そしてその退職を65歳前後まで先延ばししたことによる2012年問題として取り上げられていました。これらの先行研究をレビューします。

1．産業界における2007年問題

　畑村（2006）は『組織を強くする　技術の伝え方』の中で，団塊世代の大量退職をテーマとした2007年問題における技術の伝承問題に対して，技術を「知識やシステムを使い，他の人と関係しながら全体を作り上げてゆくやり方」と定義し，「常に時代や場所に応じて変化してゆく」と述べています。そして，「伝達された技術を使うということは，先人の経験や考え方を手っ取り早く自分のものとして使うことを意味している」とし，「伝える側が，いくら『伝える』という動作を必死になって積み重ねたところで，結果として伝わっていなければ，それは『伝えた』ことにはならない」，「技術というのは本来，『伝えるもの』ではなく『伝わるもの』，および「伝えられる相手の側の立場で考えた『伝わる状態』をいかにつくるか」が大切であると述べています。また，「伝えられる側の知識を吸収しようとしている意欲に大きく関係している」として受け入れの素地を意識的につくらせることの必要性を指摘しています。さらに，伝えるべきものとして「知」「技」「行動」があり，すべての活動を通して自然に伝わってほしいものとして「価値観」「信頼感」「責任感」を挙げています。これらは「企業文化」などの暗黙知の伝達と考えられ，受け手の観点や受け手の吸収意欲の重要性が示されています。受け手の観点という考え方は本書が重視するものです。

　また中山（2006；2007）は知識継承の仕組みづくりの中で，個人が知識をどのように獲得するかという視点で，感覚的知識，経験的知識，定型的知識とい

図 3-1　知識継承施策マップ

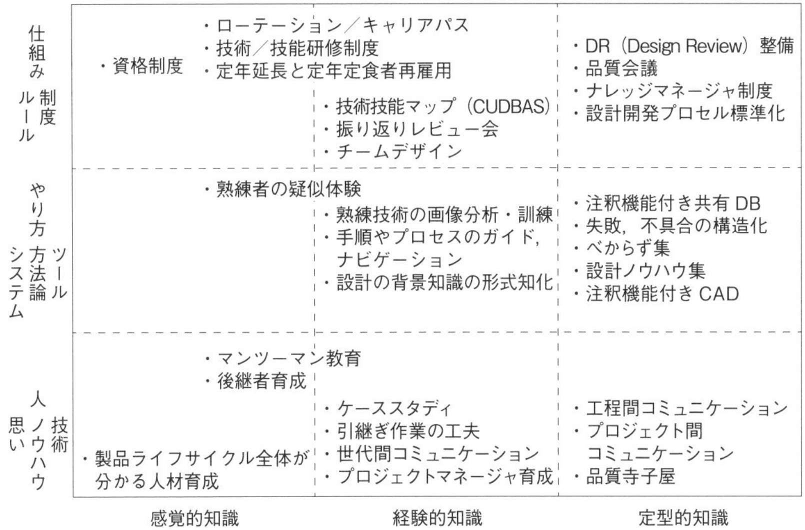

	感覚的知識	経験的知識	定型的知識
仕組み ルール（制度 ルール）	・資格制度	・ローーテーション／キャリアパス ・技術／技能研修制度 ・定年延長と定年定食者再雇用 ・技術技能マップ（CUDBAS） ・振り返りレビュー会 ・チームデザイン	・DR（Design Review）整備 ・品質会議 ・ナレッジマネージャ制度 ・設計開発プロセル標準化
やり方 システム（方法論 ツール）	・熟練者の疑似体験 ・熟練技術の画像分析・訓練 ・手順やプロセスのガイド，ナビゲーション ・設計の背景知識の形式知化		・注釈機能付き共有 DB ・失敗，不具合の構造化 ・べからず集 ・設計ノウハウ集 ・注釈機能付き CAD
人 思い（技術 ノウハウ）	・マンツーマン教育 ・後継者育成 ・製品ライフサイクル全体が分かる人材育成	・ケーススタディ ・引継ぎ作業の工夫 ・世代間コミュニケーション ・プロジェクトマネージャ育成	・工程間コミュニケーション ・プロジェクト間コミュニケーション ・品質寺子屋

出典：中山（2006）。

う知識資産と，仕組み，やり方，人を組み合わせた9つに分類し，それぞれに適した知識移転方法を示した知識継承施策マップにまとめています（図 3-1 参照）。この知識資産に，人間系で知識を伝える仕組み，継承を支援するシステムやデータベース，知識資産の運用管理をミッションとする専門職の配置，という4つのプロセスによって知識継承が可能であるとし，失敗からの知識を抽出してデータベース化し，専門職が運営するナレッジセンター方式を提案しています。

　このように，これまでにおいても高齢の技術者の知識を継承する取り組みが成されてきています。ところが，この2007年問題はその後も2012年問題，2017年問題として継続しています。田口（2013）は「国内企業の技能伝承の取組みに関する一考察」の中で，2007年を過ぎても課題が継続しているとの認識を示し，技術伝承のアプローチとして，記録や抽出を行う方法，指導者が直接継承者に対して指導を行う方法，指導者の支援と継承者自らの学習，ITの活用，コンサルティングという5つの方法を挙げています。そして7つの事例

を調査した上で，マニュアル化をしても言語化が困難な暗黙知の部分を若手に伝えきれないことに対してはOJT（On the Job Training）やOff-JT（Off the Job Training）の併用をすることを提案しています。

　こうした中で森（2013）は「ベテランの退職に伴う技能伝承の問題性は暗黙知が職業能力の中に多く含まれているため，そう簡単にはできないとわかった」と述べた上で，「とりわけ，暗黙知を多く含む業務内容の伝承は困難が多い。一般に暗黙知の多くは経験値が主流で，整理されたものは少ない。その多くは科学的に検討・検証ができない内容で囲まれている。存在すらも確認できない悲惨な状況でもある。したがって，本当に伝えたい，育てたい内容も明確でなく，多くのロスが発生していると考えられる」と述べています。そしてその対応策として，暗黙知の所在の確認，暗黙知の明確化，ドキュメント化／マニュアル化／ツール化，暗黙知の伝承・移転，という管理ステップを示しています。

　このようにほとんどが「ものづくり」に関する知識であり，人に内在化している暗黙知をいかにして表出化し，伝え，継承するというアプローチです。受け手の観点を優先している本書とは観点が異なっているようです。その中で稲田（2007）は「2007年問題と技能伝承」の中で「技能は，技術者の持つものづくりの知恵やノウハウで，その一部は形式知化できるが，その肝心要の点は言語化できない暗黙知に属し，それゆえ『ヒト』から『ヒト』へ『伝承』するしかない」と述べています。本書はこの考え方に沿うものです。

2．新興の専門職における知の継承

　広義の技能（山藤，2009）に該当する新興の専門職における知の継承においても伝統的な方法が見受けられるようです。内平（2010）は「研究開発プロジェクトマネジメントの知識継承」の中で，「研究開発職のプロジェクト・マネジメントは，経験で得られる暗黙知が多く，理論や手法を勉強して知識が身につくものではなく，得られる知識にも限界がある。ゆえに，研究開発職としてのプロジェクト・マネージャーがマネジメント知識を効率的に獲得するためには，何らかの形で組織内で知識の継承を促進する仕組みが必要である」と述べています。そしてマネジメント対象に関する知識，マネジメント手法に関す

図 3-2　知識継承論理モデル

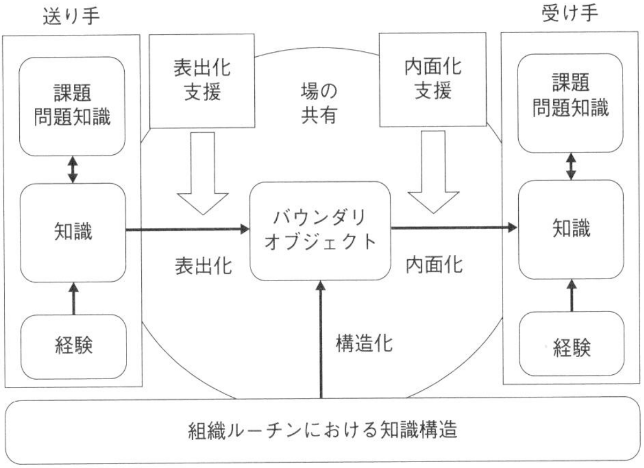

送り手　　　　　　　　　　　　　　　　　　　　　受け手

| 課題問題知識 | 表出化支援 | 場の共有 | 内面化支援 | 課題問題知識 |

知識　　　　　バウンダリオブジェクト　　　　知識

表出化　　　　　　内面化

経験　　　　　構造化　　　　　経験

組織ルーチンにおける知識構造

出典：内平 (2010)。

る知識，統合プロセス知識，および意志決定・行動に繋がる流れを示し，ポストプロジェクトレビューにおいて表出化を支援する「構造化プロジェクト分析」，プロジェクトフェーズレビューにおいて内面化を支援する「内面化ワークショップ」を行う知識継承論理モデルを示しています（図 3-2 参照）。

　野中・安部 (2013) は組織における知の継承には 5 つの誤解があると述べ，それぞれに対する対応のポイントを挙げています。いずれのポイントも継承を目的とした送り手側の視点です。

　堀田 (2015) はソフトウェア開発業務における成果物（知識）の再利用をテーマとして，知識の受け手と送り手のそれぞれの面から知識移転の動機を調査しています。そこでは，送り手の動機としてインセンティブは効果を発揮していること，目的のためには広く知識を集めようとする受け手の動機が要因であること，モジュール化しているほど知識は活用されやすいこと，組織から過度に管理しないことが主な要因であることを示しています。ここでは，受け手の動機という観点が含まれているようです。

　内田 (2016) はプラント業界における属人的な IT システム構築プロジェクトの失敗を軽減することを目的として，3 つのリスク知識の蓄積と活用方法を提案しています。1 つ目として，成功・失敗の原因を明らかにする組織的にプ

ロジェクトの振り返りと事例共有による組織的分析手法と，プロジェクト内で簡易的に振り返りを行う際の自己分析手法および主観を排除するための分析フレームワークを提案しています。2つ目として，受け手が理解しうるリスク知識をプロジェクト活動の流れに沿った7つの項目で構造化しています。3つ目として，組織内でのリスク知識の移転方法として6ステップから成る疑似体験による教育方法を提案しています。

　このように，IT技術を用いて知の見極めと表出化を行うことや，実践的なモデルを用いた体験学習を用いて内面化することはOJTやOff-JTと類似するところがあり，2007年問題への対策と大きな差異は無いと思われます。また，コンテキストに時間軸を入れて語る物語（ナラティブ）も有益である（野中・遠山・平田：2010, 37ページ）とされており，良い事例から表出化する方法も推奨されているようです。

3．本書における適用

　これまでは暗黙知を表出化するというアプローチが中心となっています。広義のものづくりを行う新興の専門職の知を継承する場合でもほぼ同様な方法が用いられています。これらは送り手の観点での継承方法となっています。これらの方法も可能ではありますが，技術変化サイクルの短く，プロジェクト型組織でビジネスを行っている新興の専門職であるSE職においては，少子高齢化という社会状況を踏まえて，新たな方法も可能なのではないかと本書は考えています。

第2節　経験知の分類

　本節では問1「次世代層が期待するベテラン層の経験知にはどのような特徴があるのか？」に対応するため，経験知がどのように分類されているのかについてのレビューを行います。「知の用語に対する共通認識が無い」という研究課題1が想定されていますので，アンケート回答者の認知バイアスを低減させられる方法も合わせて検討します。

1．経験知の種類

　経験知の大半を占める暗黙知についてはどのような分類がなされているのかを確認します。「暗黙知を理解する」（大崎，2009）において Nonaka and Takeuchi（1995）の暗黙知と Polanyi の暗黙知の差異を，表出伝達可能知，表出不可能だが伝達可能知，表出伝達不可能知，という分類から説明しています。さらに「暗黙知を再吟味する」（大崎，2017）では Polanyi の暗黙知を，識別の暗黙知，技能の暗黙知，ゲームの暗黙知，問題の所在の発見・創意工夫・発明発見の暗黙知，コミュニケーションの暗黙知，学習の暗黙知，Hayek の暗黙知として遺伝の暗黙知，組織内の個人の暗黙知という分け方をしています。本書の暗黙知は組織内の個人の暗黙知に該当するものなので対象として合わないようです。「暗黙知の継承をどう進めるか」（森，2013）では「類型を設定しないと人材育成も科学的検討もきわめて曖昧になる」として，判定型暗黙知，加減型暗黙知，感覚型暗黙知，手続き型暗黙知，という分類をしています。「知識管理から知識経営へ」（野中・梅本，2001）の中では共同化のフェーズの中で暗黙知を扱う経験的知識資産の種類として，情感知，動作知，エネルギー知，およびリズム知といった分類をしています。『流れを経営する』（野中・遠山・平田，2010：24 ページ）では，暗黙知にはノウハウのような行動スキルのほかに，想いや視点，メンタルモデルといった思考モデルもあると述べられています。「IT 技術者」（平田，2012）の中で IT 技術者の実践知の特徴として，体系化された実践知である「参照実践知」と，実践の仕事場の遂行行為において必要となる「遂行実践知」に分けられるとしています。後者はタスクに優先順位を付けるタスクプライオリティ知，認知資源を適切に投入する資源配分知，状況に応じて実働可能とする状況知が存在するとしています。このように多様な単語での分類が存在しています。

　これらのほかに，テクニカルスキル，ヒューマンスキル，コンセプチュアルスキル，という管理職の仕事を支えるスキルと能力（Kats, 1955）を基に，「ホワイトカラーの実践知の獲得過程とリソース」（楠見，2009b）では省察や経験から学んで得られる暗黙知は知識とスキルから構成されると述べ，実践知（暗黙知）という表現を用いて「3 つの実践知とスキル」とそれを構成する 12 項目にまとめています。さらに楠見（2012a）では自己管理を扱うメタ認知スキ

ル1項目を加えています（表3-1参照）。

　ここでの実践知（Practical Intelligence）は熟達者（Expert）が持つ実践に
関する知性としています。また，Leonard and Swap（2005, 和訳 2013：74-
87）では熟達者（エキスパート）と初心者との間の経験知（Deep Smart）の
違いの特徴を述べています（表3-2参照）。

表3-1　実践知とスキル

	実践知とスキル		本書での略称
テクニカル スキル （タスク管理）	仕事の担当分野の専門知識	11	担当分野の専門知
	（営業工場などの）現場で得られる知識	12	現場で得られる知
	過去の成功失敗事例の知識	13	事例（成功事例・失敗事例）
	組織のマネジメント・改善の知識／スキル	14	マネジシメント・改善
コンセプチュアル スキル	状況の変化を認識し，現状の問題点を分析する	21	状況認識と問題点の分析
	問題点を対処療法的でなく創造的に解決する	22	あるべき姿の考え方
	現状を変えるための明確なビジョンと計画立案	23	あるべき姿の実現計画
	自分の考え，ビジョンを伝え，人を動かす	24	自己ビジョンの見せ方
ヒューマン スキル （他者管理）	部下に積極的に話しかけ気持ちを理解する	31	人との対話・気持ちの理解
	同僚や部下，上司と良い人間関係形成する	32	周囲との適切な人間関係
	会議で議論を方向づけ集約し皆を満足させる	33	会議での方向づけ
	人間関係の葛藤やトラブルを調整し解決する	34	コンフリクト解消
メタ認知スキル （自己管理）	自己をコントロールし，自分を組織に組み込む	41	自己管理

出典：楠見（2011），楠見（2012a）を合わせ，筆者が採番（11～41）し並び順を変更。

表3-2　エキスパートの特徴

	特徴	理由	表3-1との比較
1	ワナに気づく	広い視野で業務知識を持っていて違いに気づく	11 担当分野の専門知
2	迅速な意志決定	重要な情報は何かを直ぐに判断できる	（該当箇所無し）
3	具体的状況の認識	過去に導き出したパターンを具体的な情報と組み合わせられる	21 状況認識・問題分析
4	推測を行う	仮定の選択肢を想定して結果を推定できる	21 状況認識・問題分析
5	微妙な区別	微妙な違いを判別する能力	21 状況認識・問題分析
6	例外に気づく	当てはまらない状況を見極められる	13 成功体験／失敗体験
7	パターン認識と直観	大量のパターンを蓄えている	12 現場で得られる知

出典：Leonard and Swap（2005, 和訳 2013：74-87 ページ）を参考に筆者が表化し，表3-1と比較。

　「例外に気づく」と「パターン認識と直観」は現場での過去の豊富な知識が「テクニカルスキル」に関係していると考えられます。また「具体的状況の認識」「微妙な区別」は視点や考え方次第なので「コンセプチュアルスキル」に該当すると考えられます。

　本書が「実践知とスキル」に着目するのは，4スキル13項目に分類され，短文ではあるが文章になっているので，単語だけで相手に知の特徴を説明することに比べれば，相手に意図を伝えやすいから認知バイアスを低減させられるのではないかと考えられるからです。

2．本書における「実践知とスキル」の適用

　表3-1「実践知とスキル」は，ホワイトカラーの管理職を想定したものですが，本書のアンケート対象者が知識労働を行うホワイトカラーの新興の専門職であることから，この文章をアンケートに用いても回答者が理解できる可能性があると考えます。もし理解可能であれば「経験知という語に対する共通認識が存在しない」という研究課題1への対策になりえます。そこで，シニア組織内で知を扱うWG（ワーキンググループ）16名に対して，特に事前の説明などは設けず，以下のような4項目についてアンケートを行い，12名から回答を得ました（表3-3参照）。

- ・「テクニカルスキル」の「C）追加項目」欄からは，実践知とスキルを表す文章が一般的すぎる，として多様な暗黙知を示す用語の例示案が多数回答されました。したがって，実際のアンケートに適用する場合には各項に例示が必要であることがわかります。
- ・「コンセプチュアルスキル」の「C）追加項目」欄も前項と同様な指摘が出ています。
- ・「ヒューマンスキル」の「B）移転必要度」が他のスキルと比べて低い値となっており，「C）追加項目」欄からは「ヒューマンスキルは伝えられるスキルではないのでは？」という疑問が投げかけられています。
- ・「D）自由コメント」欄からは，スキル＝知識＋応用＋改善だから知識とスキルを分けるべき，という指摘があります。本書はこの指摘を採用し，

表3-3　実践知とスキルの適用度

実践知とスキル			A）自己重要度	B）移転必要度	差	
テクニカルスキル	11	仕事の担当分野の専門知識	4.3	3.3	-1.0	
	12	（営業工場などの）現場で得られる知識	4.6	3.7	-0.9	平均 -0.7
	13	過去の成功失敗事例の知識	4.3	4.1	-0.2	
	14	組織のマネジメント・改善の知識／スキル	3.7	3.1	-0.7	
	C）	追加した方が良い暗黙知	プロセスとプロダクトなど多様なので分けた方が良い PM（プロジェクトマネジメント）や品質管理，など多数			
コンセプチュアルスキル	21	状況の変化を認識し，現状の問題点を分析	4.7	3.7	-1.0	
	22	問題点を対処療法的でなく，創造的に解決	4.6	4.0	-0.6	平均 -0.9
	23	現状を変えるための明確なビジョンと計画立案	4.0	3.1	-0.9	
	24	自分の考え，ビジョンを伝え，人を動かす	4.4	3.4	-1.0	
	C）	追加した方が良い暗黙知	相手の言うことを整理し，理解し，調整するスキル			
ヒューマンスキル	31	部下に積極的に話しかけ気持ちを理解	4.1	2.9	-1.2	
	32	同僚や部下，上司と良い人間関係形成	3.4	2.9	-0.5	平均 -0.7
	33	会議で議論を方向づけ集約し皆を満足させる	3.7	3.0	-0.7	
	34	人間関係の葛藤やトラブルを調整し，解決	3.4	2.9	-0.5	
	C）	追加した方が良い暗黙知	伝えられるものではないのでは？			
D）自由コメント			スキル＝知識＋応用＋改善だから知識とスキルを分けるべき			

注：アンケート期間：2019年10月28〜11月30日。C）とD）は代表的な回答を記します。
　　・A）自己重要度：自分が有する経験知としての自己重要度を5点〜0点で回答ください。
　　・B）移転必要度：次世代にどの程度伝えるべき知識かを5点〜0点で回答ください。
　　・C）追加項目：各々に対しSE部門として追加すべき暗黙知を回答ください。
　　・D）自由にコメントください。
出典：筆者作成。

　知っていることとスキル（応用できる，実行できる）を分けて考えることとします。

　整理すると，「実践知とスキル」は短文ではあるが文章になっていますので，単語だけを用いて知識の特徴を説明することに比べれば相手に意図を伝えやすいと考えられます。実際に適用する場合には考慮しなければならない意見が寄せられていますが，事前説明をしていないにもかかわらず，意図した確認が得

られていることから，実際のアンケートの質問文として適用可能であると考えられます。

　したがって「実践知とスキル」をベースラインとし，表3-2「エキスパートの特徴」で示された特徴に，回答されたコメントに沿ってSE部門で用いている例示を付記すればアンケート回答者に対して，「経験知という語に対する共通認識が存在しない」（研究課題1）への対策（認知バイアスの低減）となりうると考えます。

第3節　知の概念と暗黙知の関係

　本節では前節に続いて「問1：次世代層が期待するベテラン層の経験知にはどのような特徴があるのか？」に対応するため，知の体系における経験知の位置づけについてのレビューを行います。「経験知の種類を特徴づけるための軸が存在しない」という研究課題2が想定されていますので，前節に加えて，アンケート回答者の認知バイアスを低減させられる方法も検討します。

1．知の体系と暗黙知

　本書では暗黙知はPolanyi（1967）による概念とは異なり，ベテラン個人に内在したまま組織的には共有されていない経験知を暗黙知として扱っています。つまり，ベテラン個人としては「聞かれれば私の信念としてこう答える」という信念や経験則であっても，表出化されていない知や，形式知化されていても組織内では共有されておらず所在が直ちにはわからない知も暗黙知としています。大半が暗黙知となっていることから，経験知を分類することは暗黙知を分類することと同じになります。

　知の分類の仕方としてはDIKWモデル（「Data（データ）」，「Information（情報）」，「Knowledge（知識）」，「Wisdom（知恵）」）が知られていますが，本書で扱う“知”はこの内の「Knowledge（知識）」，「Wisdom（知恵）」に相当します。さらに植木ほか（2011：7ページ）において，データ，情報，知識，知恵，ビジョン・マインド，哲学という分類と階層を設けています（図3-3参照）。図3-3の分類は“知”全体を扱ったものであり，形式知と暗黙知とを区

別していませんが，「知を構成する形式知と暗黙知は分離できるものではなく
連続体の両端である」（Nonaka and Von Krogh, 2009），「暗黙知と形式知はコ
インの裏表のように明確に分離できるものではない」（野中・遠山・平田,
2010）と述べられています。そこで，知識，知恵，ビジョン・マインド，哲学
についての形式知の層と，知識，知恵，ビジョン・マインド，哲学についての
暗黙知の層があり，かつ知識の片側が形式知，反対側が暗黙知という概念が想
定できそうです。このことから，知識，知恵，ビジョン・マインド，哲学とい
う分類と層は形式知のみならず暗黙知も同じ体系で良いと考えられます。した
がって，知の概念図（図3-3）は暗黙知の分類軸としても用いることが可能と
考えられます。

図 3-3　知の概念図

出典：植木ほか（2011, 7ページ）「図1-2知の創造と場の概念」から部分抜粋。

　このほか，暗黙知の分類を提示している例がいくつかあります。野中・遠
山・平田（2010：24ページ）は熟練やノウハウなどを行動スキル，思いやメン
タルモデルや視点などを思考スキルという暗黙知の種類を提示しています。内
平（2010：109ページ）の研究開発プロジェクト・マネージャーに必要な4つ
の知識を示しています（第1節参照）。楠見（2012a）はテクニカルスキル，
ヒューマンスキル，コンセプチュアルスキル，自己管理，という4つの実践知
とスキル，を示しています。松尾（2005）は事実としての知識，やり方の知
識，という分類をしています。用語名称は異なりますが，これらの語は類似性
が見受けられます。

2．本書における適用

　図3-3「知の概念図」がA社SE部門において適用可能なのであれば，「経験知の種類を特徴づけるための軸が存在しない」という研究課題2に対して，アンケート回答者の認知バイアスを低減させられそうです。

　表3-3における自由コメントから，SE部門においては知っていることとスキル（応用できる，実行できる）を分離すべき，という意見を採用した上で，本節における先行研究との類似性を考慮し，本書では，専門知，思考スキル，行動スキルという呼称を用いることとします（表3-4参照）。なお「自己管理」はそのまま採用します。

　表2-3「A社SE部門で使用されている知の用語」をこの分類に当てはめてみます（表3-5参照）。単語なので，知恵とビジョン・マインドの明確な層分けまではできませんが，経験知は専門知，思考スキル，行動スキル，自己管理に相当する分類に整理できるのではないかと考えられます。

表3-4　経験知（暗黙知）の分類

表3-3の指摘から	知っていること	応用できる	実行できる
楠見（2012a）	テクニカルスキル	コンセプチュアルスキル	ヒューマンスキル
野中ほか（2010）	－	思考スキル	行動スキル
内平（2010）	対象や手法に対する知識	統合プロセス知識	意志決定・行動
松尾（2005）	事実としての知識	やり方の知識	
平田（2012）	参照実践知	遂行実践知	
	↓	↓	
本書	専門知（専門スキル）	思考スキル	行動スキル

　注　・「専門知」は事実としての知識や知恵に分類され，現場や事例からの教訓や判断基準，および気づきや区別などの認識などのテクニカルスキルに該当する。専門スキルと称する方が他の2スキルと整合しているようであるが，経験知としては現場の多くの事例からの学びが有益であり筆者の判断で「専門知」と称する。
　　　・思い，メンタルモデルや視点などの応用できる「コンプチュアルスキル」は「思考スキル」に位置づけられものと考える。
　　　・「行動スキル」はやり方の知識や知恵であり，推測するスキルや判断力および人や組織を動かす知恵（ノウハウ）やヒューマンスキルと位置づけられると考える。
　出典：筆者作成。

表3-5　A社SE部門で使用されている知の用語の分類

用語		分類（案）
専門知	行動スキル	
失敗経験，成功体験，顧客や他部門の特徴，変遷（来歴），実践経験	人脈の作り方，交渉力，説得の仕方，合意形成	知識と思われる用語
知恵（智恵），勘どころ，教訓，留意点	見渡せる余裕，人間力，応用力，トラブル時の振る舞い，知恵（智恵）	知恵と思われる用語
原理原則，視点，アナロジー，視野の広さ，ポリシー，世界観，問題解決の引き出し，甘辛判断，設計思想		ビジョン・マインドと思われる語

注：表2-3の語は単語なので明確な層には分類することは難しいが，知識，知恵，ビジョン・マインドと思われる語に分類。
出典：筆者作成。

　知の概念図との類似性を考慮し，本書における経験知の分類軸を示します（図3-4参照）。この図では「ビジョン・マインド」の一部も知恵として位置づけています。経験知の分類として専門知，思考スキル，行動スキル，自己管理という名称と種類を用いれば「経験知の種類を特徴づけるための軸が存在しない」（研究課題2）に対してアンケート回答者の認知バイアスを低減できるのではないかと考えます。

図3-4　経験知の分類軸

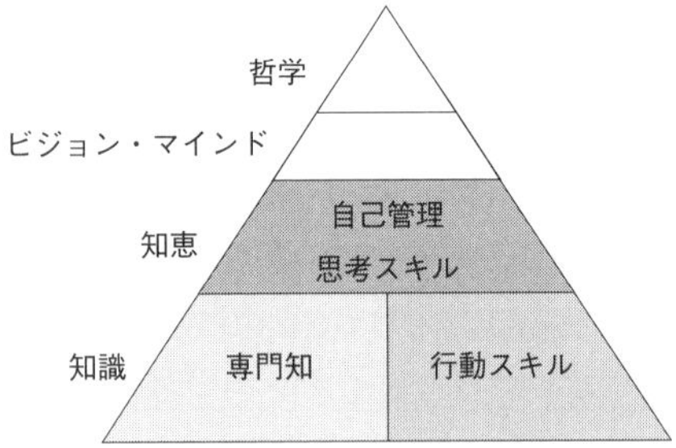

出典：筆者作成。

第4節　暗黙知と熟達度

　本書で扱う経験知は，表出化が難しくベテランの個人知として内在していて，言葉では表現しきれない暗黙知を，対話を通して次世代層が受け取ることを想定しています。知の受け手は若手層からベテラン層まで年代層は様々であり，誰もがその暗黙知を理解できるとは限りません。そこで本節では，暗黙知を理解し獲得することと熟達度との関係をレビューします。本節は問2「経験知の伝え方と受け取り方にはどのような差異があるのか？」に関係するものです。

1．暗黙知を解せる年齢

　本書のベテラン層は幹部社員（元職を含む）であり，各人が特定の技術分野の専門家（エキスパート）です。「IT技術者の熟達化と経験学習」（松尾，2005）の中で「特定の領域での専門的な訓練や実践的な経験を積むことによっての知識や技術を持っている人」をエキスパートであると定義しています。また，「エキスパートが優れた知識やスキルをどのような経験を積んで獲得したかについてはブラックボックスになっている」として，IT企業のプロジェクト・マネージャーとコンサルタントを対象として熟達化段階を調査し，スキルを獲得した時期を示しています（図3-5参照）。

　この図からはそれぞれの領域での専門スキルである集団管理スキルと概念スキルは入社10年経過する35歳ころには熟達化が始まっていることがわかりま

図3-5　IT技術者の知識・スキルとキャリア段階

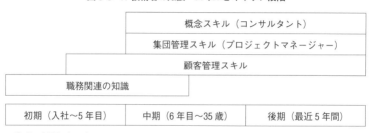

出典：松尾（2005）。

す。ここでは知識を「事実としての知識（宣言的知識）」，スキルを「やり方に関する知識（手続き的知識）」に分けています。ただし状況要因のみであり，学習スタイルやメタ認知的知識との関係，自ら獲得したものか否か，組織的な要因は含んでいないこと，および回答数が多くはないことを制約事項としています。

　平田（2012）はIT技術者のエキスパートが有する熟達の特徴として，IT技術者はキャリア初期，中期および後期において段階ごとに異なる特徴を持つ経験を通して熟達化してゆくことを述べています。キャリア初期では「技術的高度さが求められるため」工程数やステークホルダー数が段階的に増加するパターンを経験し，キャリア中期では「部分から全体を見渡すこと」を求められ，キャリア後期では「顧客や自社の組織戦略に直結した職務経験」が増えてゆくことを示しています。

　楠見（2009b）は，人材育成研修を担当するホワイトカラーの専門知レベルが初級・中級・上級の3段階に分けて学習経験と批判的な思考態度との相関を調べている中で，「知識変換モードの観点では，経験で得られた暗黙知を共同化する活動とそれを表出化する活動の相互の相関が高く，学習における柔軟性，批判的思考態度やヒューマンスキルの獲得との間には正の相関」があることを見いだしています。そして実践知の獲得について楠見（2014）は，仕事などの長い経験を通して知識やスキルを獲得し高いレベルのパフォーマンスを発揮する熟達者になるには10年かかることを示し，その過程を4つの段階に分けています（表3-6参照）。

2．本書における適用

　中原（2010a：41ページ）は28歳から35歳の育成を対象とするものであり，Leonard and Swap（2005，和訳2013：71ページ）も熟達化まで10年かかると述べていますが，いずれも第2段階の人材を第3段階へ育成することを対象とした研究であり，本書で扱う知の移転関係（第4段階から第2または第3段階への移転）とは異なっているようです。ただし，本書で対象としている世代層（表1-1）と楠見（2014）で示されている4段階の熟達度との関係は示せるようです（表3-6参照）。ベテラン層は第4段階に相当します。入社後10年以

表 3-6　熟達段階と本書との対応

熟達の段階		状態	表 1-1 との対応	
第 1 段階	初心者	指導を受けている段階		若手層
第 2 段階	一人前における定型的熟達化	自律的に仕事ができる段階		
第 3 段階	中堅層における適用的熟達化	状況に応じて規則が適用できる。類似性認識（類推）ができる。	若手幹部社員同年代の社員	中堅層
第 4 段階	熟達者における創造的熟達化	実践知（特に言葉にはできない暗黙知）を数多く獲得した者	現役世代の幹部社員シニア層	ベテラン層

注：楠見孝（2014）で示された熟達の 4 段階を筆者が表化し，表 1-1 と照合。
出典：筆者作成。

上経過している中堅層は類似性認識（類推）を自ら実践するスキルを一定程度
有していると想定できることから，暗黙知を解することが可能であると考えら
れます。

　ここまでを整理すると，熟達段階はおおまかに 4 段階に分けられ，暗黙知を
解する程度の熟達化までは入社後約 10 年かかるとされています。本書は第 4
段階から第 3 段階への知識移転を対象としたものですが，第 3 段階は類似性認
識（類推）を自ら実践するスキルを一定程度有していることから，本書におけ
る第 4 段階から第 3 段階への暗黙知の移転への適用は可能と考えられます。な
お，第 2 段階と想定している若手層は暗黙知を解する可能性はありますが，そ
の程度はわからないと考えられますので，本書ではその確認を行うことを目指
しています。

第 5 節　知の獲得

　本書は経験知（暗黙知）を「伝える」のではなく，受け手が経験知を「受け
取る」ことを想定しています。そこで，どのような受け取り方があるのかをレ
ビューします。本節は問 2「経験知の伝え方と受け取り方にはどのような差異
があるのか？」に関するものです。

1．世代による学び方の相違

　Stevens（2010）は知識移転に際して送り手と受け手の世代の育った環境によって学び方が異なっているという米国の例を示しています。また，知識移転でありませんが，仕事への成果への影響調査において Cennamo and Gerdner（2018）も同様にニュージーランドでの仕事の価値や仕事への満足度および組織へのコミットメントについて世代間の相違を明らかにしようとしています。Balda and Mora（2011）は知識創造におけるリーダーシップの観点で世代間の相違を明らかにしています。これらの研究においては，プレベビーブーマー世代（1900 年から 1945 年生まれ），ベビーブーマー世代（1946 年から 1964 年生まれ），世代X（1965 年から 1979 年生まれ），世代Y（別名ミレニアル世代，1980 年から 1999 年生まれ）という世代の考え方がありますが，それらの世代の学び方がそれぞれの世代で生まれ育った社会環境と経済状況に影響を受けているために知識移転の方法も異なってくるという考え方になっています。

　そこで，このような考え方が日本の社会において可能であるか否かを確認する必要があります。そこでA社 SE 部門のシニア組織内で知を扱う WG（ワーキンググループ）16 名に対して「世代がどのように学ぶのかという観点でいくつかの区分に世代名称を付けてください」と依頼し 11 名からアンケート回答を得ました。世代認識の他にも育った時期の社会環境の観点，価値に対しての動機付け，学習の仕方，キャリアに対する考え方，IT リテラシーの観点でもアンケートを行いましたが，結果に共通性は見いだせませんでした。特に回答者の複数名から「日本の社会では企業に就職してから学びとる社会なので企業文化に深く依存しているから生年とか世代とかでの学び方には明確な差は無いだろう」という意見が寄せられました。これは，賛同に値する見解であり，本書ではこの見解を採用します。つまり，ベテラン層と次世代層との間に何らかの世代間の学び方の差異が存在していたとしても，企業に入社してから企業文化を学ぶ日本企業においては，次世代層も同じ文化を学ぶことから，両者の層の間には背景やコンテキストなどのお互いに理解できない程度の大きな差異は想定しなくても良い，と考えられます。したがって，文化が同じである企業内の知の移転については，ベテラン層が有する経験知（暗黙知）を世代が離れた次世代層が受け取ることは可能であると考えられます。

２．知を受け取る方法

　実践知がどのように獲得されるのかについて楠見（2012b）は，熟達者のもつ能力は自らの意志によって良い経験を通して学習し，獲得することで身につけるものであるとして，「初心者が，仕事場において，意図的にモデルとなる先輩・熟達者を選定し，そこに注意を向け，その行動を記憶内に保持し，適切なとき，自らを動機づけることによって，実行」する観察学習，「職場の同僚や上司，顧客などの他者との相互作用における対話や助け合い，情報のやりとりによって学習」する他者との相互作用，「意図的な反復する練習と無意図的な経験の反復」による経験の反復，「蓄積したスキルや知識，事例を類似性に基づいてカテゴリ化し，その共通性やルールを抽出（帰納）」する経験からの帰納と類推，「最新の知識を入手したり，新しい分野を体系的に学んだり，過去の蓄積を学んだりするための意図的な学習方法」であるメディアによる学習を挙げ，これらの「学習のタイプは，実践知のタイプによって用いられ方が異なる」と述べています。

　楠見（2014）では「ホワイトカラーの仕事における問題解決に必要なスキルや知識は，実際の仕事の活動に埋め込まれていて言語化できない暗黙知が大半を占めている」ため，「コーチングによる認知的徒弟制や対話」や「職場における個人の経験からの学習による実践知の獲得が重要な役割を果たしている」と述べています。

　このコーチングについては Leonard and Swap（2005，和訳 2013：251-87 ページ）も送り手からのコーチングと指導のもとでの経験で習得する方法であることを示しています。指導のもとでの経験はその他の方法に比べて，振り返りの促進，知識を抽出する訓練になり，より高い成果が期待でき，不確実性を減らす手助けができることを挙げています（表 3-7 参照）。

　ただし，「指導のもとでの実験」は多忙な SE 部門において実施は難しいでしょう。またこれらの技法の内，体験談や経験則やレクチャーなどは「ティーチング」技法かもしれませんが，本書のシニア層は高齢者対策研修の中でアサーティブな助言に止めるよう指導されていて，適宜有している知を助言や意見として伝えているものであり，判断は次世代層に委ねています。基本的に受け手である次世代層の成長を支援するものであり，これらを含めてコーチング

表3-7　知を受け取る方法

コーチング技法		内容
実践を通じた学習	指導のもとでの練習	スキルの反復練習に振り返りと計画性をもたせ，さらにコーチがその振り返りを助けフィードバックを与えることで正確に効果的に習得する方法。
	指導のもとでの観察	コーチの指導によって経験知の持ち主の行動を見ることができ，思い込みを問い直す機会が得られる。
	指導のもとでの問題解決	コーチと一緒に問題に取り組むことで，コーチからはノウハウを受け取れことから問題へのアプローチの仕方を学べる。受け手が自分の経験知を主体的にはぐくむことができる。
	指導のもとでの実験	確信が持てない時にも有効な方法で，仮説を検証する場合と，探索を目的とする場合がある。
問いかけ方式（ソクラテス方式）		受け手に質問を投げかけて答えさせる対話型の方法。
体験談		ストーリーになりやすく，頭の中でイメージが浮かびやすいことからなかなか忘れにくいという特性があり，教訓を伝えるうえで有効な場合がある。
経験則		様々なパターンを抽象化して覚えやすい簡潔な（おおむね信頼できる）ルールにまとめたもの。比喩的な表現で伝える場合もある。
端的な指示（レクチャー）		どのように行動すべきかをコーチが指示するやり方。受け手が経験豊富な場合とそうでない場合とでそれぞれ有効なケースがある。

注：「内容」欄は出典からの筆者の解釈。
出典：Leonard and Swap（2005，和訳 2013：251-87）。

技法と称しても差し支えは無いと考えます。

3．知の理解方法

　共同化の場で暗黙知を理解し受け取れるのは「共感」（野中・遠山・平田，2010：31 ページ）であると言われています。表出化からの理解方法として，類推（アナロジー）（同前，37 ページ）に相当する自身の「類似体験から」の理解，焦点の明確化（同前，36 ページ）に相当する「要点や観点の相違」からの理解が考えられます。また，受け取る側の当人自身が何度か指導を受けている間になんとなく理解できているケースも有ると思われることから「段階的に理解」することも想定できるものと思われます。本書ではこれらを「理解方法」と位置づけることにします。

４．本書における適用

　課題解決に必要な知識やスキルを内面化する方法としてコーチング技法が有り，A社 SE 部門では職場環境の中でコーチング技法は通常の業務で取り入れられていることから知の移転方法として適用可能です。

第6節　学びと協創

　本節では次世代層受け手が知を受け取ることでどのような能力向上の要素に寄与しているのかについて，周囲の関係者からの関与の観点でレビューします。本節は問3「経験知の移転によって次世代層とベテラン層はそれぞれどのような学びを得ているのか？」に関係するものです。

１．知の創造による寄与

　植木ほか（2011：131 ページ）は，暗黙知も"知の創造"における認識・分析・判断に寄与すること，個人（送り手）の感情や価値が暗黙知に関わることを示し，これらの要素と効果の関係が知の移転に影響を与えるというプロセスモデルを仮説として提示しています（図 3-6 参照）。

図 3-6　知の創造プロセスへの寄与

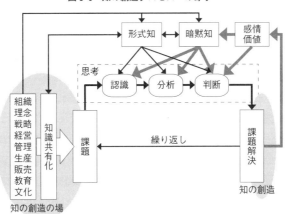

出典：植木ほか（2011：131 ページ）「集団（プロジェクト）と個人
　　における知の創造のプロセス」の一部を筆者が模写。

　この図からは「個人は与えられた課題相手に対して所有する知識情報をフル
に利用しながら認識作業を行いますが，しばしば暗黙知もその役割を果たす」，
「認識された課題は，時には緻密に，時にはラフに評価・分析される」と述べ
られており，形式知に加えて暗黙知が関わっていることが示されています。こ
れらは思考に関わる一連の流れを示すものとしています。また，意志決定や判
断は直観や感情が関与する（茂木，2005：69 ページ）ことが示され，暗黙知の
観点では，感情や価値観に影響を受けながら，認識や分析や判断に関わる能力
の向上に寄与していることになります。これは表 3-2「エキスパートの特徴」
と一致しています。ただし，この"知の創造"プロセスは，直面する課題に対
して，知を受け取る側（次世代層）が学んで課題解決に繋げているプロセスで
あると解釈されるものであり，伝える側（ベテラン層）がどのように関わって
いるのかについては示されていません。
　楠見（2011）は実践知（暗黙知）の獲得には受け手側の省察と経験が影響を
及ぼすとして相関図を示しています（図 3-7 参照）。
　省察と批判的思考態度が知識習得にどの程度関わっているかを示す図であ
り，テクニカルスキル（表 3-4 の専門知）とコンセプチュアルスキル（同　思

図 3-7　批判的思考態度が実践知獲得に及ぼす効果

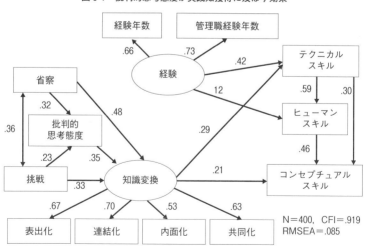

出典：楠見（2011）。共分散構造分析の結果：数値は標準化パス係数。

考スキル）の習得に関わっています（つまり寄与する）が，ヒューマンスキル（同　行動スキル）は直接知識変換からは繋がらないことを示しています。このことは表3-3において，ベテラン層の意見として「ヒューマンスキルは伝えられるものではないのでは？」という疑問が投げかけられていることと整合しています。したがって，本書においてはベテラン層が次世代代層のヒューマンスキル（同　行動スキル）に寄与できるか否かを確認する必要がありそうです。

2．他者からの支援による能力向上

　楠見（2009a）は日本の企業において管理職になるための人材育成という「経営問題の解決に必要なスキルや知識は，実際の仕事の活動に埋め込まれている言語化できない暗黙知」であるとして，それを獲得する方法として「OJTやジョブローテーション，職務設計・拡大など」を挙げています。学習方法としてのOJTは，従来は上位者－下位者間の1対1の教育訓練（小林，2000）という従来の定義に対して，中原（2010b）からは垂直的な社会的関係に限定されるものではなく，個人を包囲する多種多様な人々，たとえば同僚・同期などの水平的次元の人間関係，時には部下，社外の顧客，協業者，勉強会などで出会った人々からの支援が含まれています。

　中原（2010a：103ページ）おいて上司や同僚・同期や上位者という他者からの支援の中では，上位者がスキル向上に寄与しているのは内省支援であることを示していいます（図3-8参照）。その内省支援として，客観的な意見を言っ

図 3-8　職場における他者からの支援

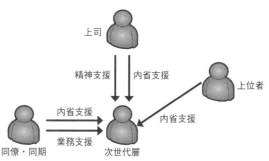

出典：中原（2010a：103 ページ）を筆者が模写。

てくれる，自分自身を振り返る機会を与えてくれる，自分にない新たな視点を
与えてくれる，という3点を挙げています（中原，2010a：57ページ）。上位者
は本書のベテラン層（特にシニア層）に該当します。なお中原（2010a：68-69
ページ）において技術・SE職は他の職種と比して内省支援の値が低いことの
理由を示していますが，これは1人作業従事者へのインタビュー例であり，
チーム活動を主体としているA社SE部門ではその例とは状況が異なることか
ら特に本書に影響することは無いと考えられます。また，「上位者が行う『内
省支援』の程度は『互酬性規範』と相関がある」ことを示しています（中原，
2010a：109ページ）。そこで，17項目におよぶ能力向上の調査結果（中原，
2010a：81-83ページ）に対して，これらと同様であるかを本書で確認する必要
があります。

3．知の協創

　共創（Co-Creation）は様々な意味で用いられていますが，一般的には立場
の異なる多様なステークホルダーが対話しながら，一緒になって共に新たな価
値を生み出していくことと考えられます。知を創出するための"知の共創"に
ついては「顧客とビジネスパートナーとしての密接な関係を築き新たなビジネ
スを創出してゆくこと」（野中・遠山・平田，2010：64および230ページ）で
あり，共創は経験が共有され相互作用すると生まれるものとも述べられていま
す。また植木ほか（2013）では実践知を対象として「協創」という表現を用い
ていますが共創と協創との相違については述べていません。

4．本書における適用

　暗黙知を獲得する過程で認識や分析や判断という能力の向上に寄与していま
す。これらは主に思考スキルに該当するものです。また上位者に該当するベテ
ラン層は振り返る機会や新たな視点を与えるという学びの観点から内省支援に
寄与しています。
　共創と協創の明確な相違は定かではありませんが，本書におけるベテラン層
と次世代層は立場の違いから，共創ではなく協創では無いかという前提で考え
ています。なお，知を伝える側の学びについては明確ではなく，本書ではベテ

ラン層の学びも本書で明らかにできるものと考えています。

第 7 節　　知の移転の阻害要因

　本節では知の移転においてどのような難しさが指摘されているのかをレビューします。本節は問 4「ベテラン層と次世代層が知の協創をするために必要となる条件（または障壁）は何か？」に関係するものです。

1．知の移転の難しさ

　石塚（2005）は知識移転を妨げる要因についての表出化・内面化プロセスの問題点の中で，「形式知化（表出化・コード化）の手段をとったとしても，暗黙知の段階で有していたエッセンスを欠いた知識になってしまう場合もありうる」として，「暗黙知の中には形式知に転換すべきものもあれば，転換しない方がよいものもある」と暗黙知の存在を重視しています。森（2013）は暗黙知を形式知化する手順として，手段①「見て，言語化する」，手段②「基本的な問いによるインタビュー」，手段③「仮説検証の問いによるインタビュー」，手段④「記録者が体得した後に言語化する」を示しています。知を表出化する際に「記録者が体得」することと述べているとおり，知の受け手側のスキルに依存する知の継承となっていています。瀬川・井川（2014）は電子機器受託生産企業における組織間の思考スキルの移転を対象とし，受け手が送り手の背景を理解するならば，という前提条件を見いだしています。中内（2014a）は情報提供者から見た知識移転を促進または阻害する要因として，構造特性（提供者のネットワーク中心性），関係性特性（強い紐帯・弱い紐帯や近接性・類似性），知識特性（形式知と暗黙知），ノード特性（提供者のネットワークと経験）の4 要素からなる仮説を提示しています。また中内（2014b）では情報獲得者の観点から部門内と部門間では阻害要因が異なることを示し，部門内では送り手と受け手の間の強い紐帯とアクセスの関係性が重要であることを示しています。遠原（2018）はベテランの技能の表出化のためにはベテラン従業員（送り手）への動機付けが必要で，彼らが「自らの存在理由を感じ取れる事業の仕組みが必要」と結論付けています。

2．知の移転の阻害要因

　Szulanski（1996）は8つの企業の組織内における122件の知識移転に関するベストプラクティスのアンケート調査を行い，9つの阻害要因の存在を導いています。さらにSzulanski（2000）では2段階でのサーベイから4つのステージごとの阻害要因の重要度の順位を示しています（表3-8参照）。ただしここでは形式知と暗黙知は明確には区別されていないようです。

表3-8　組織内知識移転の阻害要因

要因		内容	ステージ			
			開始	実装	活用	統合
移転される知識の要因 Knowledge	不明瞭な因果関係 (Causal ambiguity)	因果関係が明確になっていないと知識として使えない。	3	2	2	4
	実証性の欠如 (Unproven knowledge)	過去に有用であったことが実証されている知識は移転が比較的容易である。	2			
知識の送り手の要因 Source	動機の欠如 (Lack of motivation)	知識の送り手に積極的な動機がないとうまくいかない。		3	5	
	信頼性の欠如 (Not perceived as reliable)	知識の送り手が信頼されていないとうまくいかない。	1	3	3	
知識の受け手の要因 Recipient	動機の欠如 (Lack of motivation)	知識の受け手に，外部からの知識を受け入れる積極的な動機がないとうまくいかない。			6	3
	吸収能力の欠如 (Lack of absorptive capacity)	知識の受け手に十分な吸収能力がないとうまくいかない。		1	1	1
	保持能力の欠如 (Lack of retentive capacity)	知識の受け手が受け取った知識を継続的にメンテナンスする能力がないとうまくいかない。			2	
コンテキスト要因 Context	組織的な不毛性 (Barren organizational context)	組織の中に知識移転を促進しようという風土がないと根付かない。			4	2
	円滑な関係性の欠如 (Arduous relationship)	受け手と送り手のコミュニケーションが不十分だとうまくいかない。		4		3

　出典：Szulanski（2000）。数字は各ステージの重要度の順位。和訳は内平（2010）を採用。

3．シニア活用の成功要因

　知の送り手がシニア層の場合としては，仲野・小林（2008）はシニアを「売り手」，産業界の企業を「買い手」，および「仲介者」の3者の関係においては，「仲介者」による仲介の重要性を述べています。さらに仲野（2014）は主にNPO団体におけるシニア人材活用ビジネスにおける重要成功要因として11個の必要項目を提示しています（表3-9参照）。NPO法人とIT企業との差異は不明ですが，シニアビジネスという観点では参考になるものです。

表 3-9　シニア人材活用の成功要因

分類		成功要因
支援内容	1	シニア人材の役割は，コンサルタント的な役割であること。
	2	長期的あるいは構造的な課題に取り組んでいること。
シニア人材	3	シニア人材は，生きがいとボランタリー精神で活動していること。
	4	シニア人材のもつ人脈を利用していること。
仲介者	5	仲介者は，シニア人材と活用者との間の知識・経験に差がある組み合わせをコーディネートしていること。
人材データベース	6	組織は，充実したスタッフ（広い範囲の技術領域をカバーする）を揃えていること。
	7	付加価値の高いスキルが組織としてあること。
組織	8	組織に管理ノウハウがあること。
	9	組織に営業できるノウハウがあること。
	10	組織を維持するための経理面・阻止無面での人材（担当スタッフ）が確保できていること。
	11	事業推進のキーマンになる中心的人材が存在すること。

出典：仲野（2014）。

4．本書における適用

　知の移転に際して暗黙知は必ずしも表出化・形式化しない方が良い場合があり，本書はこのケースを扱うものです。知の移転における阻害要因や促進要因として示されている9つの阻害要因について調査する必要があります。

第8節　知識リーダーシップ

　第1章で記したとおり，A社SE部門の高齢者対策の研修会の中で「これか
らはサーバント・リーダーシップで後輩をサポートする」ようにという指導が
なされています。ここでのサーバント・リーダーシップという語は一般的な意
味で用いられていて，一部の講師からの個人的な見解であり，共通認識が有る
わけではありません。そこで，サーバント・リーダーシップについてレビュー
します。本節は問5「経験知を伝えることに対してベテラン層はどのように向
き合っているのか？」に関係するものです。

1．フォロワーをエンパワリングするリーダーシップ
　青木（2014）はエンパワリング・リーダーシップおよびサーバント・リー
ダーシップを支援型（Supportive）のリーダーシップと位置づけ，今の時代は
従業員がアクティブに活動できるように，経営者などが支援型リーダーシップ
を発揮しないと企業全体の競争優位を獲得することができない，と述べていま
す。Greenleaf（1977）によって提唱されたサーバント・リーダーシップはトッ
プマネージャーがフォロワーを支援するリーダーシップで，Spears（2010）
によって傾聴，共感，癒し，気づき，説得，概念化，先見力・予見力，
Stewardship，人々の成長，コミュニティ作り，という10属性に整理されて
います（訳語は池田・金井，2007，76-77ページ）。本書のシニア層はトップマ
ネージャーではありませんが，フォロワーである次世代層をエンパワリングす
る支援する上位者であるという観点では類似しています。幹部社員であった時
期における問題解決に繋がる知識創造を行うためのミドル・アップダウン・マ
ネジメントから，次世代層に対してフォロワーシップ，サーバントマインド，
アサーティブな助言，人間関係作りなど振る舞いに留意するマネジメントにシ
フトしています（図3-9参照）。

図3-9　シニア層になることによるリーダーシップの変化

従来型のリーダーシップ　　　　　　　サーバント・リーダーシップ

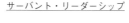
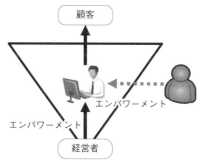

出典）筆者作成。

2．サーバント・リーダーシップと知識リーダーシップ

　青木（2014）はエンパワリング・リーダーシップに関する文献研究を通して知識共有とチーム成果との間には間接的な影響が有ると述べています。Sial, et al.（2014）や Whisnant and Khasawneh（2014）はエンパワリング・リーダーシップによる暗黙知の共有がチームのパフォーマンスに効果があると述べています。Rai and Prakash（2012）はサーバント・リーダーシップと知識創造に正の関係があると述べています（図3-10参照）。ただし先行研究から演繹的に導いたものであり検証はされていません。

図3-10　サーバント・リーダーシップの役割と知識創造との関係

出典：Rai and Prakash（2012）の図1を筆者が模写。

　また，衆知を集めて問題解決に取り組む実践的なリーダーシップとして野中・遠山（2005）は，「善い」目的を作る能力，現実を直観する能力，場をタイムリーに作る能力，直観の本質を物語る能力，物語を実現する能力，実践知を組織する能力からなる賢慮のリーダーシップを提唱しています。

3．本書における適用

　シニア層はリーダーシップを発揮して次世代層と共に問題解決という知識創造をしていることから，サーバント・リーダーシップと知識リーダーシップには共通要素があると考えられます。そこで，Spears（2010）の10属性，Rai and Prakash（2012）の12要素，野中・遠山（2005）の賢慮のリーダーシップの6能力の中から共通性が見受けられる10項目が測定項目になりうると考えます（表3-10参照）。

表3-10　サーバント・リーダーシップと他リーダーシップとの共通項目

Spears（2010） （金井，池田 2007）	Rai and Prakash（2012）	賢慮のリーダーシップ 野中・遠山（2005）		本書 表記
Foresight（先見力）	―	「善い」目的を作る	1	共通善
Awareness（気づき）	―	現実を直観する能力	2	気づき
Building community （コミュニティ）	Participation（参加）	場をタイムリーに作る能力	3	情報共有
	Collective information processing （集団的情報処理）			
―	Low power distance（権限格差）		4	権限格差
Conceptualization （概念化）	Shared vision（ビジョン共有）	直観の本質を物語る能力	5	概念化
	Transactive memory（共通認識）			
Persuasion（説得）	Trust in leader （リーダーへの信頼）	物語を実現する能力	6	説得
Stewardship				
―	Cooperation（協働）		7	成果共有
	Shared performance（成果共有）			
Listening（傾聴）	Active listening（傾聴）		8	傾聴
Empathy（共感）				
Hearing（癒し）	Caring leadership（思いやり）	実践知を組織する能力	9	学ぶ環境
Growth of people （人々の成長）	Empowerment		10	成長支援

注：Rai and Prakash（2012）の内，共通性のある項目のみ掲載。
出典：筆者作成。

第9節　本書への適用（まとめ）

　第1節：これまでは暗黙知を表出化するというアプローチが中心となっている。新興の技術者の知を継承する場合でもほぼ同様な方法が用いられています。これらは送り手の観点での継承方法となっています。本書はこれらの方法も可能ではあるが，技術変化サイクルの短く，プロジェクト型組織でビジネスを行っている新興の専門職であるSE職においては，少子高齢化という社会状況を踏まえて新たな方法も可能なのではないかと考えています。

　第2節：暗黙知と形式知はコインの裏表のように明確に分離できるものではなく連続体の両端であることから，暗黙知の分類軸としても用いることが可能と考えられます。「実践知とスキル」は短文ではあるが文章になっていますので，単語だけを用いて知識の特徴を説明することに比べれば相手に意図を伝えやすいと考えられます。実際に適用する場合には考慮しなければならない意見が寄せられていますが，事前説明をしていないにもかかわらず，意図した確認が得られたことから，実際のアンケートの質問文として適用可能であると考えられます。そこで表3-1「実践知とスキル」をベースラインとし，表3-2「エキスパートの特徴」で示された特徴に，回答されたコメントに沿ってSE部門で用いている例示を付記すればアンケート回答者に対して，「経験知という語に対する共通認識が存在しない」（研究課題1）への対策（認知バイアスの低減）となりうると考えられます。

　第3節：経験知の分類として専門知，思考スキル，行動スキル，自己管理を用いれば「経験知の種類を特徴づけるための軸が存在しない」（研究課題2）に対してアンケート回答者の認知バイアスを低減できるのではないかと考えます。

　第4節：熟達段階はおおまかに4段階に分けられ，暗黙知を解する程度の熟達化までは入社約10年かかるとされています。本書は第4段階から第3段階への知識移転を対象としたものですが，第3段階は類似性認識（類推）を自ら実践するスキルを一定程度有していることから，本書における第4段階から第3段階への暗黙知の移転への適用は可能と考えられます。

　第5節：課題解決に必要な知識やスキル内面化する方法としてコーチング技法が有り，Ａ社 SE 部門では職場環境の中でコーチング技法は通常の業務で取り入れられていることから知の移転方法として適用可能です。

　第6節：暗黙知を獲得する過程で暗黙知は認識や分析や判断という能力の向上に寄与しています。これらは主に思考スキルに該当するものです。また上位者に該当するベテラン層は振り返る機会や新たな視点を与えるという学びの観点から内省支援に寄与しています。

　第7節：知の移転に際して暗黙知は必ずしも表出化・形式化しない方が良い場合があり，本書はこのケースを扱うものです。知の移転における阻害要因や促進要因として示されている9つの阻害要因について調査する必要があります。

　第8節：シニア層はリーダーシップを発揮して次世代層と共に問題解決という知識創造をしていることから，サーバント・リーダーシップと知識リーダーシップには共通要素があると考えられます。

　これらのことから，知の移転を「どのように測定するのか」（研究課題3）について本書では，経験知の種類，伝え方と受け取り方，学びへの経験知の寄与，知の移転の阻害要因，および対話場という5者が関係するのではないかと考えています。そこで，これらの項目の関係を測定する必要が有りそうです。

第4章
調査方法と回答データの概要

　本章では前章における本書への適用を踏まえて，アンケート調査方法とその
回答データの概要を説明します。なお，問いに対する回答データの詳細な分析
は次章以降でそれぞれ行います。

第1節　測定項目とアンケートの流れ

1．測定項目

　前章から本書への適用として「経験知の種類，伝え方と受け取り方，学びへ
の経験知の寄与，知の移転の阻害要因および対話場という5者が関係する」必
要が示されています。その測定を行うための5者の項目間の関係を図4-1のよ
うに考えています。

図 4-1　測定項目間の関係

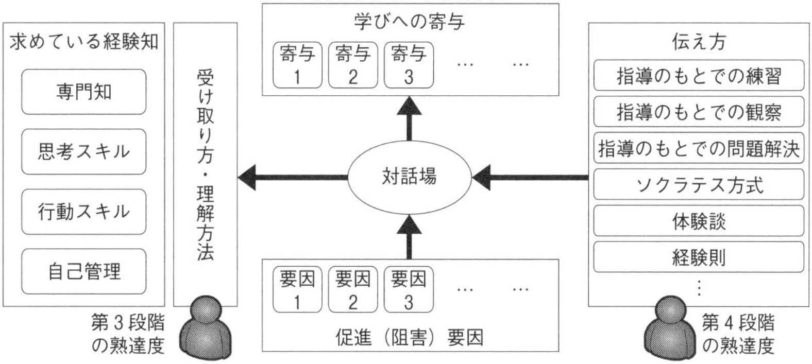

出典：筆者作成。

この図では以下のことを示しています。

・熟達度第3段階以下の次世代層が，必要とする経験知を熟達度第4段階の
　ベテラン層から対話場を介して受け取る関係を想定しています。
・ベテラン層が意図して用いた伝え方（コーチング技法など）に対し，次世
　代層がどのような理解でその経験知を受け取ったか，その際にはどのよう
　な受け取り方で受け取ったと認識していたのか確認します。
・次世代層が経験知を受け取ったことで次世代層が抱える課題のどのような
　要素に寄与し，その結果どのような能力向上や学びに貢献したのかを確認
　します。
・ベテラン層から次世代層への経験知の移転を促進（または阻害）する要因
　をベテラン層と次世代層の両者からそれぞれ確認します。

　これらを次世代層がベテラン層から経験知を受け取ったケースごとに確認し
ますが，表2-2「A社SE部門における予備調査」で示されたとおり，伝える
側のシニア層と受け取る側の次世代層の期待には差異があることが見て取れる
ことから，単に双方にアンケートするだけでは不十分であると考えられます。
そこで「お互いに相手の回答内容を知らないような状態で，次世代層からの回
答とベテラン層からの回答を得られるようにする」必要があります。双方がお
互いに回答内容を知らない状況の回答ならば，両者を比べることで，どのよう
な差異が有るのかを分析できるものと考えられます。
　なお，このような調査方法を用いて，ベテラン層から次世代層への知の移転
のケースを集めれば，問いに対する傾向が導き出せると考えられますので，対
象群を設けることはしていません。

２．アンケートの流れ

　「お互いに回答内容を知らないような状態で，次世代層からの回答とベテラ
ン層からの回答を得られるようにする」ためにはアンケートにはいくつかの工
夫が必要となります。本書は次世代層からの観点を起点としていますので，ま
ず，次世代層からの受け取った経験知の特徴を回答してもらいます。

次に，次世代層からの回答の中で経験知に関する項目のみに絞って経験知を
伝えたベテラン当人に伝え，その経験知をどのような思いで伝えていたのかを
回答してもらいます。ただし，確実に経験知を受け取った／伝えたという関係
のある間柄の次世代層とベテラン層から回答を得るためには，最初にベテラン
層に次世代層の紹介を要請することにしています。また，両者からの回答を比
較し分析した結果がどの程度納得できるものなのかを念のために確認すること
も必要ではないかと考えられます。そこで，以下のような3ステップの手順と
しています（図4-2参照）。

図4-2 アンケートの流れ

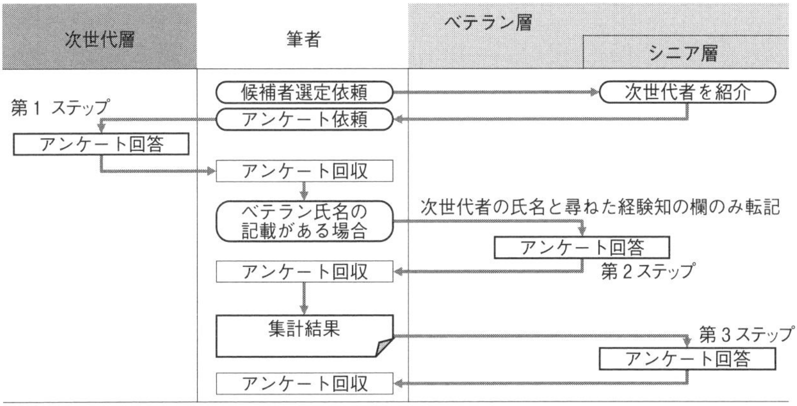

出典：筆者作成。

なお，次世代者とベテランの両者に対して，研究目的であること，回答内容
の固有名詞は秘匿化した上で統計的に用いること，回答するか否かは任意であ
ること，業務に支障の無い範囲で任意で協力してほしい旨を伝えています。特
に第1ステップでは次世代者に対してのアンケート依頼文の中で，相手のベテ
ランに対しては尋ねた経験知に関する項目の2項目のみを伝えるがその他の項
目の内容は一切伝えないことを明記しています。

第1ステップ

シニア層に経験知を伝えたことのある次世代者の紹介を依頼します。紹介を

受けた次世代者に対して，筆者から，過去にベテランからどのような経験知を
受け取ったかについて，WORD形式のアンケート文書をメールで依頼します。
次世代者はそのWORD文書に記入してメールで筆者宛に回答するか，または
A社内Webアンケートシステムから回答します。次世代者には誰（ベテラン）
から紹介を受けたのかは伝えてはいますが，経験知を受け取ったケースのベテ
ラン氏名とその時期は任意としていますので，紹介したベテラン以外からの経
験知受け取りケースも可としています。

第2ステップ

　次世代者からの回答の中で，経験知を尋ねた相手のベテラン氏名が匿名また
は未記入の場合は第1ステップで終了となります。氏名が記載されていてもす
でにその時点で退職していた場合は追跡ができないため，この場合も第1ス
テップで終了となります。

　経験知を尋ねた相手のベテランが在籍していて連絡可能な場合は第2ステッ
プに進みます。2項目（次世代者が尋ねた経験知と次世代者の氏名）のみをベ
テラン層向けのアンケートシートに転記し，そのベテランにアンケートを依頼
しています。ベテランは，次世代者から尋ねられた経験知の内容を思い出し
て，経験知を伝えた立場として，当時どのようにその経験知を伝えたのかにつ
いて回答してもらいます。ベテラン層から受け取った回答の中で，文章回答の
内容の意味が不明確な場合および次世代者からの回答との不一致が見受けられ
る場合には事後にベテランに（次世代者からの回答は伝えないまま）インタ
ビュー（またはメール）して回答内容を補っています。

第3ステップ

　第1ステップと第2ステップの集計と分析結果をベテラン層に開示し，結果
に対して同意できるか否か，および普段からどのような振る舞い（知識リー
ダーシップ）を発揮しているかを第3ステップとしてアンケートします。

第2節　第1ステップ・第2ステップの質問文

　次世代層とベテラン層からのお互いに回答内容を知らないような状態で，次世代層からの回答とベテラン層からの回答を比べるために，質問文にはいくつかの工夫を施しています（表4-1参照）。また，図4-1と表4-1の関係を図4-3に示します。

- ・質問番号のYQは次世代層向け，SQはベテラン層向けの質問を示します。本書では以後，表記上【YQ1】のように記します。質問は23項目とプロフィールに関する6項目となっています。
- ・質問文の用語は第3章第2節「経験知の分類」を考慮し，筆者の判断でできるだけ認知バイアスが低くなるような用語を用いています。特に【YQ4】【SQ4】［経験知の種類］については追加説明や補足事項を例として付記しています（表4-2参照）。
- ・次世代層からの回答とベテラン層からの回答を比較するために，たとえば次世代層向け質問文【YQ9】［受け取り方］「経験知をどのような方法でベテランから受け取りましたか？」について，ベテラン層向けの質問【SQ9】では「経験知はどのような方法で次世代に伝えましたか？」というように，双方の回答が一致しているかを照合できるようにしています。選択肢の文章についても同様の配慮をしています。
- ・Szilanski（2000）の促進（または阻害）要因の中の7要因を質問項目としています。その質問項目には筆者の職場経験を踏まえて次世代層とベテラン層が共に理解できる5段階の選択肢を設けています。
- ・経験知を受け取った／伝えた「ケース」ごとに回答する質問項目と，ケースに関わらない個人の意見を質問する「個人」に分けています。

表4-1   第1ステップ第2ステップの質問項目とその質問文

質問番号			質問文	※	回答形式
YQ0		年齢層	ベテラン層に経験知を尋ねた当時の年齢を教えてください。	1 2 3	選択肢：択一
	SQ0		次世代者に経験知を伝えた当時の年齢を教えてください。		
YQ1		普段の関係	ベテランとは普段はどの程度親しい関係でしたか？	1	リッカート尺度 5段階5〜1
	SQ1		次世代者とは普段はどの程度親しい関係でしたか？	4	
YQ2		位置関係	ベテランとは当時はどのような位置関係でしたか？	—	7選択肢：複数
	SQ2		次世代者とは当時はとのような位置関係でしたか？		
YQ3	—	経験知	どのような状況の問題を解決するためでしたか？　その問題に対してどのような経験知をベテランに尋ねましたか？	1	文章
—	SQ3	内在理由	なぜその知は自己に内在したままになっていたのですか？	1	6選択肢：複数
YQ4	SQ4	経験知の種類	その知は「経験知の種類」のどれに該当しますか？	1,2	4選択肢：択一
YQ5	—	知の適用先	ものづくり／プロジェクト推進に関するものですか？	1	3選択肢：択一
YQ6	—	新技術	ベテランに尋ねたケースは新技術に関するものですか？	1	Yea/No
YQ7		動機	ベテランに聞いてみようと思った動機は何ですか？	4	文章回答
	SQ7		次世代者に経験知を伝えようと思った動機は何ですか？		5選択肢：複数
YQ8	—	解決期待度	ベテランの経験知に当初どの程度期待していましたか？	4	リッカート尺度 5段階5〜1
YQ9		受け取り方	経験知をどのような方法でベテランから受け取りましたか？	2	9選択肢：複数
	SQ9	伝え方	経験知をどのような方法で次世代者に伝えましたか？		
YQ10		場	経験知をどのような場で受け取りましたか？	1 2 3	文章回答
	SQ10	場づくり	経験知を伝える時にどのような場づくりの工夫をしましたか？		文章回答
YQ11		理解度	教えてもらった経験知はどの程度理解できましたか？	2	リッカート尺度 5段階5〜1
	SQ11	理解期待度	経験知を次世代者はどの程度理解できると思いましたか？	4	
YQ12	—	理解方法	その経験知はどのような方法で理解しましたか？	3	6選択肢：複数

(縦書き表記：「個人ごと」「ケースごと」)

			項目名	質問文		回答形式
YQ13		ケースごと	知の信用度	その経験知はどの程度確からしいと思いましたか？	1	リッカート尺度 5段階 5~1
	SQ13		知の確度	その経験知はどの程度正当化されたものでしたか？		
YQ14	—		経験知の寄与	その経験知はどの問題の解決に繋がりましたか？	2	10選択肢：複数
YQ15	—		知の有益度	その経験知はどの程度問題の解決に有益でしたか？	1	5段階 5~1
YQ16		個人ごと	学び	経験知を聞いて自身の気づきとなったことはありますか？	3	文章回答
	SQ16			経験知を伝えて自身の気づきとなったことはありますか？		
YQ17	SQ17		行動変容	その気づきによって自身の行動や考え方は変わりましたか？	3	文章回答
YQ18			満足度	またベテラン（含む他者）に聞いてみたいと思いましたか？	4	リッカート尺度 5段階 5~1
	SQ18			また聞かれたら次世代者に伝えたいと思いましたか？		
YQ19			移転要因	経験知を受け取る際にはどの要因が重要でしょうか？	4	8選択肢：複数
	SQ19			経験知を伝える際にはどの要因が重要でしょうか？		
YQ20			存在価値	経験知を有するベテランはどのような存在価値が有りますか？	3	文章回答
	SQ20			ベテラン層は企業においてどのような存在価値が有りますか？		
YQ21	SQ21		経験知の残し方	今後はどのようにしたらベテラン経験知を次世代者が受け取りやすくなると思いますか？	3	文章回答
YQ22	SQ22		自由意見	ご意見を記入ください。	—	文章回答
YP1	SP1		氏名	氏名またはメールアドレスを記入ください（匿名可）	—	文章回答
YP2	SP2		職位	経験知を聞いた（伝えた）当時の職位を教えてください	2 3	選択肢：択一
YP3	SP3		専門技術	得意とするIT技術分野は何ですか？	—	選択肢：複数
YP4	SP4		顧客業界	どの顧客業界を担当しています（いました）か？	—	選択肢：複数
YP5	SP5		KM有識度	SECIモデル，場，暗黙知などの語を知っていますか？		5段階 5~1
YP6	—		尋ねた相手	経験知を尋ねたベテランの氏名を教えてください（匿名可）	—	文章回答

注：質問文は本表では紙面上の都合で要約して記載。
　　※印は対応する問い番号を示す。
　　「選択肢：択一」は1選択肢のみ選択，「選択肢：複数」は選択肢の中から複数個選択可。
出典：筆者作成。

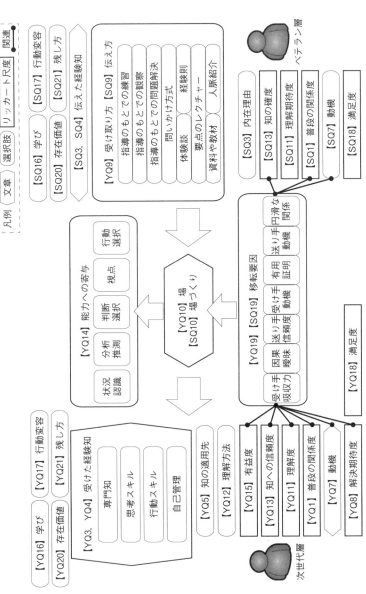

図 4-3　測定項目と質問項目の関連図

出典：筆者作成。図中の【　】内の記号は表 4-1 の質問項目番号を示す。

表 4-2　経験知の種類の選択肢【YQ4】・【SQ4】

	番号	経験知の種類		例
専門知	11	担当する仕事分野または関連分野の専門知識	（主にプロダクト系）	・顧客業務についての専門知識 ・システム開発（機能・非機能）の設計・製造・テスト
			（主にプロセス系）	・システム開発のプロセス，その段取り ・トラブル切り分け方法
	12	現場で得られる知識	（経験則）	・経験から得られた経験則や判断基準 ・問題や状況認識や解釈の仕方
			（工夫）	・知識の使い分け，勘どころ ・当てはまらない状況など例外を見極める
	13	過去の成功・失敗事例の知識		・具体的な事例内容とその成功または失敗の理由 ・数多くのパターンの蓄積 ・物事の過去からの来歴 ・人脈（誰がどういう経験知を有しているか）
		関連部門の組織・風土に関する知識		・関連部門の組織・風土との相違に関する知識
	14	組織のマネジメント・改善の知識やスキル		・PM（含リスク管理），品質管理 ・具体的なプロジェクトにテーラリングする能力
思考スキル	21	状況の変化を認識し，現状の問題点を分析する		・具体的な状況の変化を認識する（過去に導き出したパターンと現在の状況を組み合わせられる） ・仮定の選択肢を想定して結果を推測できる ・例外などの微妙な違いを見極め区別する
	22	問題点を対処療法的でなく，創造的に解決する		・問題を解決するための幅広い視野 ・気づき，先見力 ・自他の双方の利益を調整，または最適とは言えなくても近似解を思いつく
	23	現状を変えるための明確なビジョンと計画立案ができる		・将来に向けて有りたい姿を構想し表出する ・原理原則に沿ったポリシー ・世界観
	24	自分の考えやビジョンを伝え，人（の考え）を動かす		・自分の考えを相手に伝え賛同者を増やす
行動スキル	31	部下に積極的に話しかけ，気持ちを理解する		・傾聴，共感，メンタリング ・相手の言うことを整理し，不足や矛盾を確認し，課題全体や背景を類推し，正しく理解する（ロジカルシンキング）能力
	32	同僚や部下や上司と適切な人間関係を形成する		・人脈（協力者） ・チームビルディング ・相手の状況やスキルレベルに応じた対応を行う知恵） ・報連相の必要性とタイミングに関する知恵
	33	会議で議論を方向付け集約し皆を満足させる		・伝え方の技術と実践力，説得の技術と実践力 ・手段の知識（ファシリテーション，コーチング，モチベーションアップ，タイムマネジメント）と実践力 ・ステークホルダー（上司や顧客）に対する説得力
	34	人間関係の葛藤やトラブルを調整し，解決する		・思いやり ・仕事相手（顧客）の特性やステークホルダーを考慮したコンフリクト対応 ・人間関係などの知識とその実践力
自己管理	41	自己管理		・プラス思考のマインド ・倫理観 ・自律心，自制心，振る舞い ・課題解決にあたっての心構え，周囲を見渡す余裕

出典：筆者作成。

第3節　第1ステップ・第2ステップの回答

　本節では第1ステップと第2ステップのアンケート回答についての概要と回答者のプロフィールを示します。

1．回答者数とケース数

　第1ステップでは，シニア層約200名に，経験知を伝えたことのある次世代者を紹介するよう要請し，紹介された51名の次世代層にアンケート依頼し，39名から回答を得ています（表4-3参照）。

表4-3　第1ステップ・第2ステップの回答数（次世代層観点）

次世代層【YQ0】年齢層				組数	ベテラン層【SQ0】年齢層					
【YQ0】					回答有り		回答無※3		依頼不可※4	
年齢層	人数	ケース数			ケース数	【SQ0】年代と人数	ケース数	人数	ケース数	人数
20代	4	4		1	1		0	0	3	3
30〜34歳	8※1	8		2	2	40〜44歳　1	2	2	4	4
35〜39歳	9※1	15		5	8	45〜49歳　1	4	2	3	2
40〜44歳	8	9		5	6	50〜54歳　1 55〜59歳　3	1	1	2	2
45〜49歳	7	10		5	8	60〜64歳　7	0	0	2	2
50歳以上	4	6		3	4		0	0	2	1
計	40人 39名	52		21組	29	13人※2 11名	7	5人 5名	16	14人 14名
未回答	12名									

注：アンケート収集期間は2020年9月1日から12月22日。
　　※1　1名が異なる年代に異なる相手（ベテラン層）の2ケースを人数2人とする。
　　※2　回答11名。異なる次世代層・年代での回答2名有り13人分相当。組み合わせは21組。
　　※3　回答無　：現在でも上司・部下の関係が強く，回答をためらったものと推察。
　　※4　依頼不可：退職者13名，匿名のため1名。
出典：筆者作成。

・【YQ0】［年齢層］：次世代層51名にアンケートを依頼し回答者数39名
（男性31名，女性8名）。なお39名の内1名は異なる年代に異なるベテラ
ンに尋ねている延2ケースの回答が有り延40人と計上しています。延52
ケース（1ケース27名，2ケース11名，3ケース1名）。
・【SQ0】［年齢層］：次世代層から回答を得た52ケースの経験知を伝えたベ
テランは30名となります。その内，14名は氏名記載が無かった（既退職
者13名・匿名1名）ため，在職中の16名のベテラン層に第2ステップの
アンケート回答を依頼し，11名から29ケースの回答を得ています。相手
の次世代者が異なる場合は「個人ごと」の質問項目に対して人数分の回答
を受けたので11名は延13人となります。
・ベテラン層11名（延13人）から回答のあった29ケースは，次世代者20
名（延21人）との21組の組み合わせとなります。

　第1ステップでは次世代層12名からは回答が得られていません。数名にヒ
アリングしたところ，多忙だからという理由も有りましたが，「普段からベテ
ラン層に質問していて改めて経験知と言われても区別がつかない」との返答も
複数人からありました。ベテランを頼ることが常態化しており，知を受け取っ
ているという意識が無いことようです。これらの知は今回のアンケートでは明
らかにできていません。
　第2ステップではベテラン層5名からは回答を得られていません。この5例
はいずれも当該時点でも相互信頼関係にあり，次世代層からの回答内容に対し
て筆者に回答することに何らかの支障があったからと推定しています。

2．回答者のプロフィール
　第1ステップと第2ステップのアンケート回答者のプロフィールを示しま
す。

1）次世代層【YQ0】［年齢層］とベテラン層【SQ0】［年齢層］
　回答者の年代層とケース数との関係を表4-4に示します。次世代層【YQ0】
［年齢層］では，34歳以下の若手層12人（30.0％），35歳以上28人（70.0％）

となっています。50歳以降でもシニア層に経験知を尋ねたケースも有ります。ベテラン層【SQ0】［年齢層］では，シニア層になる前（55歳以下）の現役幹部社員時代に経験知を伝えたケースも含まれていますが，55歳以上は11人（78.6%）を占めています。各年齢層の中央値の平均は，次世代層は52ケースでは39.3歳，ベテラン層は29ケース57.4歳，その差は18.1歳であり，10年を1世代とすると約2世代分離れています。なお，次世代層とベテラン層の回答者に顕著な年代面での偏在は無いようです。また，全52ケース40人とペア回答29ケース21人の次世代層側の分布についての乖離は無さそうです。ペア回答29ケースに対する分析結果であっても次世代層40人全員も同等であると推定できるかもしれません。

表 4-4　次世代層の年齢層とベテラン層の年齢層（人）

年齢層	次世代層【YQ0】［年齢層］					ベテラン層【SQ0】［年齢層］		
	全52ケース		ペア29ケース					
20代	4	10.0%	1	4.8%		40～44歳	1	7.7%
30～34歳	8	20.0%	2	9.5%		45～49歳	1	7.7%
35～39歳	9	22.5%	5	23.8%		50～54歳	1	7.7%
40～44歳	8	20.0%	5	23.8%		55～59歳	3	23.1%
45～49歳	7	17.5%	5	23.8%		60歳～	7	53.8%
50歳～	4	10.0%	3	14.3%				
計	40人		21人			計	13人	

出典：筆者作成。

2）次世代層の【YQ0】［年齢層］と【YP2】［職位］

　経験知を受けた時点での次世代層の【YQ0】［年齢層］と当時の【YP2】［職位］をもとに，若手層と中堅層（一般社員と幹部社員）という3つに分類し，これを熟達度という観点で分類します。入社後10年という所に境を設けて，若手層は熟達度第2段階，中堅層は熟達度第3段階と想定しています（表4-5参照）。

表 4-5　次世代層の想定熟達度（人）とケース数

【YQ0】年代層	人数	当時の【YP2】［職位］			計
		若手層 （34 歳以下）	中堅層（一般社員） （35 歳以上）	中堅層（幹部社員） （35 歳以上）	
20 代	4	4	0	0	4
30〜34 歳	8	8	0	0	8
35〜39 歳	9	0	7	8	15
40〜44 歳	8	0	1	8	9
45〜49 歳	7	0	7	3	10
50 歳〜	4	0	3	3	6
計	40	12	18	22	52

出典：筆者作成。

3）次世代層【YP3】・ベテラン層【SP3】［担当技術分野］（択一）

次世代層もベテラン層もほとんどの SE 技術分野をカバーしています。

表 4-6　担当している技術分野（人）

専門技術分野	次世代層		ベテラン層	
マネジメント・品質系	11	28.2%	4	36.4%
アプリ系	9	23.1%	1	9.1%
システム基盤系	3	8.0%	1	9.1%
ソフト製品系	8	20.5%	2	18.2%
事業企画系	2	5.1%	3	27.3%
サービス系	2	5.1%	0	
その他	4	10.2%	0	
	39 名		11 名	

出典：筆者作成。

4）KM 用語の理解度　【YP5】［KM 有識度］と【SP5】［KM 有識度］

　A 社 SE 部門における KM（ナレッジ・マネジメント）用語に対する理解度を確認しています。ベテラン層は SECI モデル，場，暗黙知という語は理解できているようです。ただし，次世代層は半数程度となっており，ナレッジ・マネジメント活動は低下しているようです（表 4-7 参照）。

表4-7　SECI・場・暗黙知などの語の理解度

	理解度	次世代層 【YP5】［KM 有識度］		ベテラン層 【SP5】［KM 有識度］	
5	人に教えられる	7	17.9%	3	27.3%
4	用語を用いて会話できる	3	7.7%	2	18.2%
3	用語は理解している	13	33.3%	5	45.5%
2	用語は知っている程度	10	25.6%	1	9.1%
1	用語は知らない	6	15.4%	0	
	計	39 名	平均2.9	11 名	平均3.6

出典：筆者作成。

5）お互いの【YQ1】［普段の関係］・【SQ1】［普段の関係］

ペア回答29ケースは普段の関係は良好です（詳細は付録1を参照）。

表4-8　お互いの普段からの関係（ケース）

	次世代層【YQ1】［普段の関係］						ベテラン層【SQ1】［普段の関係］		
	選択肢	全52ケース					ペア29ケース		
5	良好な関係	41	78.9%	24	82.8%	5	良好な関係	19	65.5%
4	まあまあ良好	9	17.3%	4	13.8%	4	まあまあ良好	10	34.5%
3	通常の職場仲間	0		0		3	通常の職場仲間	0	
2	時と場合による	2	3.8%	1	3.4%	2	時と場合による	0	
1	普段関係はない	0		0		1	普段関係はない	0	
0	その時たまたま	0		0		0	その時たまたま	0	

出典：筆者作成。

第4節　第3ステップの質問文と回答者数

1．第3ステップのアンケート項目

　第3ステップは第1ステップと第2ステップの集計結果に対する意見や感想に加えて，どのように次世代層と向き合っていたのかという知のリーダーシップについての質問項目を設けています（表4-9参照）。

表 4-9　第 3 ステップの質問項目とその質問文

質問番号			質問文	問	回答形式
SQ31	個人ごと	経験知の種類への納得度	「経験知の種類」についてどのように思います？	1	リッカート尺度5段階5〜1
		理由	そう思う理由を教えてください。		文章回答
SQ32		内在理由への納得度	暗黙知として内在したままになっている理由として「共同化で伝える知であり，一緒に行動し，対話し，理由や態度に共感して学べる知だから形式知化はそもそも無理である」という考え方に意見をお寄せください。	1	文章回答
SQ33		伝え方への納得度	「経験知の伝え方と受け取り方」について，伝える側が用いた方法とは異なって受け取る側には認識されていることがわかりました。この結果についてどのように思いますか？	2	リッカート尺度5段階5〜1
		理由	そう思う理由を教えてください。		文章回答
SQ34		移転要因への納得度	「経験知移転の要因」について，お互い普段からの信頼関係が重要であること次世代層とベテラン層ともに第1位となっています。この結果についてどのように思いますか？	4	リッカート尺度5段階5〜1
		理由	そう思う理由を教えてください。		文章回答
SQ35		関わり	現在は次世代層とどのような関わり方で仕事をしていますか？	－	選択肢（択一）
SQ36		接し方	現在は次世代層に対してどのような接し方をするのが良いと思いますか（または実践していますか）？		選択肢（複数）
SQ37		振る舞い	幹部社員だった頃と比較して，今の振る舞いに留意していることはありますか？		10 選択肢（複数）
SQ38〜SQ47		減るまいの変化度	10 の属性に対して幹部社員だった頃とシニアになった現在とを比較してその思いが増大／減少しましたか？	5	リッカート尺度5段階5〜1
SQ48		知の寄与	職場におけるどのような問題解決（知の創造）に寄与していますか？		10 選択肢（複数）
SQ49		必要度と感情	経験知を次世代層に伝えることに対してどのように思いますか？		13 選択肢（複数）
SQ51		シニアの自立	シニア層が組織ビジネスとして自立するためには何が必要か？		9 選択肢（複数）

注：質問番号は本書の記載順に並べています（アンケート時の順序とは異なっています）。
出典：筆者作成。

２．第3ステップの回答者数

　第3ステップではシニア層約200名に対して第1ステップと第2ステップの集計結果のまとめを説明した上で，第3ステップのアンケートに回答するよう要請しました。その回答者40名のプロフィールを表4-10に示します。アンケート収集期間は2021年2月19日（金）から4月6日（火）です。このアンケートの質問文の内容は次章以降の各箇所で説明します。

表4-10　次世代層との関わり

タイプ	【SQ35】次世代層との関わり	～59歳		60歳～		計
共同作業	1人の専門家として次世代層とチームで仕事をしている。	9	22.5%	14	35.0%	23
役割分担	次世代層と一緒ではあるがチームの中でシニア独自の業務を分担している。	2	5.0%	4	10.0%	6
現役同様	現役同様のリーダーシップを発揮し，次世代層と共に業務を遂行している。	2	5.0%	3	7.5%	5
独立業務	次世代層も一緒ではあるが重なりの無い別の業務を分担している。	0		4	10.0%	4
その他	職場を大きく異動したり個人事業主となった	1	2.5%	1	2.5%	2
		14		26		40

出典：筆者作成。

第5節　回答データの分析について

　本書においては，選択肢回答についてはデータを集計しその傾向から測定項目間の関連性を確認しています。文章回答に対してはエビデンスとしての文章を重視し，筆者の判断でカテゴライズするなどを行って傾向を読み取り，その範囲で分析を行っています。また，必要に応じて個別に追加インタビューも行い，回答内容を補完しています。特徴的な回答がある場合はその文意を採用するか否かを判断することにしています。

第5章

次世代層が期待する経験知の種類

　本章はベテラン層に内在したまま組織的には暗黙知となっている経験知の中で，どのような経験知を伝えれば良いのか？　についてその特徴を確認します。本章は次のような構成となっています。

　1）次世代層が受け取った経験知の種類と内容に対して，伝えた側のベテラン層がどのように認識していたのかを照合し，双方の回答に矛盾が無いことを確認します。ベテラン層からの回答に追加情報が有る場合には次世代層からの回答を筆者の判断で一部補正します。
　2）その経験知がなぜベテランの個人知として内在したままになっている理由をベテラン層の回答から確認します。
　3）次世代層がベテラン層に尋ねた経験知はどのような問題の解決に用いようとしているのかについて，その種類と特徴を確認します。
　4）次世代層は受け取った経験知に対してどの程度信用できるものと考えているのか，その経験知に対してベテラン層はどの程度の確信度を持っているのか，という両者の回答を比較し，その傾向を確認します。
　5）上記の結果に対して，伝える側のベテラン層がどの程度賛同できると思うのかについての見解を確認します。

　これらの結果として，問1「次世代層が期待するベテラン層の経験知にはどのような特徴があるのか？」に対する答えを確認します。

図5-1　経験知の種類と傾向に関わる測定項目

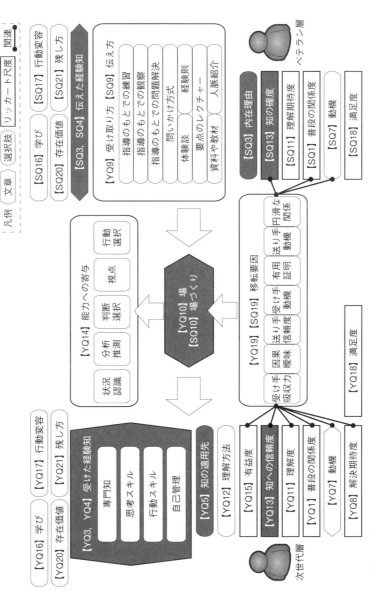

出典：筆者作成。

第 1 節　次世代層が期待する経験知の種類

　本節では表 4-1「第 1 ステップと第 2 ステップの質問項目と質問文」の中から以下の測定項目を用いて，次世代層が期待する経験知が表 4-2「経験知の種類と選択肢」で示されるどの種類に該当するのかを確認します。本節では以下の項目を用います。

- ・次世代層の【YQ3】［経験知］，【YQ4】［経験知の種類］，【YQ5】［知の適先］，【YQ7】［動機］，【YP10】［場］
- ・ベテラン層の【SQ3】［内在理由］，【SQ4】［経験知の種類］，【SQ10】［場づくり］

1．経験知の種類の補正
　どのような状況の問題を解決するためにどのような経験知を必要としたかを【YQ3】［経験知］において質問しています。【YQ4】［経験知の種類］は 1 つに絞れるものではないですが，あえて 1 種を選択してもらっています。この次世代層【YQ4】［経験知の種類］の認識に間違いがないかをベテラン層からの回答と照合しながら以下の手順で筆者が判断し補正しています。

- ・【YQ3】［経験知］と【YQ4】［経験知の種類］および【YQ5】［知の適用先］の内容を読み込み，記載内容に不整合が無いかを確認します。
- ・経験知を伝えた【YP6】［尋ねた相手］が記入されていて，かつ，そのベテラン層からペアとなる回答が得られている 29 ケースについては，ベテラン層が認識している【SQ4】［経験知の種類］，【SQ10】［場づくり］と【SQ3】［内在理由］にも参考にしながら，ベテラン層と次世代層の回答内容の双方に不一致が無いかを確認します。次世代層が認識している以上の知をベテラン層が伝えている場合は，本書ではベテラン層の見解を優先します。
- ・【YQ7】［動機］や【YQ10】［場］の回答文章とも矛盾が無いかを見なが

ら，最終的に筆者の判断で「経験知の種類」を補正します。

　その結果，ベテラン層側の認識を採用したものが 6 件，総合的に筆者の補正が 4 件，計 10 件を補正しています。内訳は，専門知から思考スキルへの補正が 7 件，専門知から行動スキルへの補正が 3 件となります（個々のケースの一覧は付録 2，付録 3 を参照）。

2．経験知の種類の集計

　次世代層がベテラン層から受けた経験知の種類とケース数を表 5-1 に示します。専門知は次世代層からの回答では 36 ケースですが補正後は 10 ケース減じて 26 ケース，思考スキル 8 ケースに対して 7 ケースを加算して 15 ケース，行動スキル 7 ケースに対して 3 ケース加算して 10 ケース，自己管理は補正がなく 1 ケースとなります。経験知の種類は以下の順となります。

　　11 ケース　項番 12：専門知：現場で得られる知（経験則・工夫）

　　 9 ケース　項番 13：専門知：成功体験・失敗事例・関連組織の風土

　　 6 ケース　項番 22：思考スキル：あるべき姿の考え方

　次世代層【YQ4】［経験知の種類］で回答した専門知 36 ケースが 10 減じる補正をしていることから，次世代層は【YQ4】［経験知の種類］で専門知を尋ねた場合でも，ベテラン層は尋ねられた知に加えてその背景にある課題と向き合い，次世代層のスキルを考慮し必要と考えられる思考スキルや行動スキルも同時に伝えていたものと解釈できそうです。

表 5-1　次世代層がベテラン層から受けた経験知の種類とケース数

経験知の種類（本書における略称）			【YQ4】	筆者補正		
専門知	11	担当分野の専門知（プロダクト系／プロセス系）	36 ケース（69%）	-10	26（50%）	2
	12	現場で得られる知（経験則・工夫）				11
	13	事例（成功事例・失敗事例）				9
	14	組織マネジメントの工夫（知識／スキル）				4
思考スキル	21	状況認識と問題点の分析	8 ケース（15%）	+7	15（29%）	5
	22	あるべき姿の考え方				6
	23	あるべき姿の実現計画				2
	24	自己ビジョンの見せ方				2
行動 52 スキル	31	人との対話・気持ちの理解	7 ケース（13%）	+3	10（19%）	4
	32	周囲（関連部門）との適切な関係作り				4
	33	会議での方向付け				0
	34	コンフリクトの解消				2
自己管理	41	自己管理・心構え	1 ケース	0	1	1
		計	52		52	

出典：筆者作成。

本節のまとめ

　表 5-1 から，専門知，思考スキル，行動スキル，自己管理という 4 分類・13 項目で分類される経験知の種類は問題なく適用できており，A 社 SE 部門において次世代層が期待するベテラン層の経験知の種類を量的に測定できています。次世代層は【YQ4】［経験知の種類］で専門知を尋ねた場合でも，ベテラン層は尋ねられた知に加えてその背景にある課題と向き合い，次世代層のスキルを考慮しながら必要と考えられる思考スキルや行動スキルも同時に伝えています。

第 2 節　経験知がベテランに内在している理由

　本節では経験知がベテランに内在している理由について確認します。本節では以下の質問項目を用います。

・【SQ3】［内在理由］

　【SQ3】［内在理由］は筆者の経験から選択肢を設けています。「その他」で文章回答することも可能です。複数選択としていますのでベテラン層13人からの29ケースにおいて選択数は延41件となります（表5-2参照）。説明の都合上「本書での呼称」欄を設けています。

表5-2　経験知が内在したままになっている理由（複数選択）

【SQ3】［内在理由］の選択肢		回答数			本書での呼称
成果物として誰でも利用できるようになってはいたが，どこに在るのか見つけにくくなっていたから。		3/29	10.3%		所在不明
成果物として残されていたが，技術が変化してしまい，そのままでは利用できなかったから。		4/29	13.8%		技術が変化
成果物として残されていなかった。でも時間があれば書き残せたものであったから。		4/29	13.8%		時間が無かった
次世代から尋ねられた経験知が有益なノウハウだとは思っていなかったから。		2/29	7.9%		有益とは知らず
成果物として残されていたが，それを用いる際の留意点などは参照する側からは理解しにくかったから（例：テーラリング方法）。		7/29	24.1%	重複除外20/2970.0%	コンテキスト
成果物として書き残しておくのは難しい経験知だったから。		14/29	48.3%		表現が難しい
その他（文章回答）	対話で伝える知だから	2/29	7.9%		対話で伝える知
	新技術に関する質問だったから	3/29	10.3%		新技術
	その他	2/29	7.9%		その他

　出典：筆者作成。ベテラン層11名・13人からの29ケースの回答。選択数の平均1.4。

　「表現が難しい」14ケース，「コンテキスト」7ケース，「その他」の中で「対話で伝える知」が2ケースとなっています。延数は23ですが重複を除くと20ケース（70.0%）となります。ベテラン層の個人知として内在している知は総じては「形式知化しづらい知」であると言えそうです。

　この結果を踏まえて，ベテラン層数名に個別にインタビューしたところ「共同化で伝える知であり，一緒に行動して体感し，対話し，理由や態度に共感し

て学べる知だから形式知化はそもそも無理」という共通した見解でした。このことからSE部門においては暗黙知のまま共同化の場で対話しながら伝える必要がある知が存在していることがわかります。

本節のまとめ

　表5-2から，ベテラン層の個人知として内在している経験知は，共同化の場で伝える知であり，一緒に行動して体感し，対話し，理由や態度に共感して学べる知だから形式知化はそもそも無理と考えられている知であると考えられます。

第3節　経験知の適用先

　本節では次世代層がどのような問題解決のために経験知を必要としているのかを確認します。以下の質問項目を用いています。

　・【YQ5】［知の適用先］
　・次世代層が必要とする知が【YQ6】［新技術］か否か
　・次世代層が知を必要とする【YQ7】［動機］

１．知の適用先
　【YQ5】［知の適用先］は択一の選択肢を3つ設けています。

　・ソフトウェア開発やシステム構築などのものづくりに関する経験知
　・プロジェクトを進める上での課題を解決するための経験知
　・その他

　1番目の選択肢はソフトウェア開発やシステムを構築する上での要件定義・設計・製造・テストに関するものが該当します。本書では「ものづくり」に該当します，2番目の選択肢はプロジェクト活動を進める上での何らかの課題を対象とするもので，主にステークホルダーなどの人との関わりに関係するもの

です。本書ではこれを「プロジェクト推進」と称します。3番目の「その他」
は文章回答することも可能としています。

　これら次世代層からの3択回答は【YQ4】［経験知の種類］を考慮して筆者
の判断で補正しています。その結果,「ものづくり」が7ケース（13.5%）,「プ
ロジェクト推進」が38ケース（73.0%）,「その他」が7ケース（13.5%）と
なっています。システム構築やソフトウェア開発などについての「ものづく
り」の課題解決の経験知を必要とするケースよりも,ほとんどのケースは「プ
ロジェクト推進」の課題解決に対する経験知を必要としているようです。
【YQ4】［経験知の種類］の分布との関係を表5-3に示します。

表5-3　知の適用先（択一）と経験知の種類との対応

【YQ5】知の適用先（補正後）			【YQ4】経験知の種類（補正後）の内訳			
選択肢	ケース数		専門知	思考スキル	行動スキル	自己管理
ものづくり	7	13.5%	6	1	0	0
プロジェクト推進	38	73.0%	17	12	9	0
その他	7	13.5%	3	2	1	1

52

出典：筆者作成。

　また,自由回答としている【YQ7】［動機］「ベテランに聞いてみようと思っ
た動機は何ですか？」からは,経験知が有りそうだからという動機と,ベテラ
ン層の人柄に期待という2つに整理できるようです。その結果としては前者の
方が多数を占めています。その回答内容からは,全く知識が無かったからとい
う回答も一部有りますが,次世代層自身に全く考えが無かった訳ではなく,自
身の考えが妥当か否かを裏付けしてほしい,という意図があることが読み取れ
ます（表5-4参照）。

表5-4　次世代層の動機

カテゴリ	回答数	次世代層【YQ7】［動機］の主な回答
知	38	・自身の知識がなく，何でも知っていそうな人に尋ねようと思った。 ・自分が執筆しているものに対し有識者のレビューが必要と感じたから。 ・組織内にその方以上に知っている方がいなかったため。 ・作成した計画に問題がないか確認とアドバイスが欲しかったため。 ・資料だけからは読み取れない裏の事情も踏まえて意見をもらえる。 ・自身の責任範囲では対応できない状況にあり，責任・判断権限をもつベテランに頼る必要があった。 ・問題が解決できない場合のリスクが大きく現状での最善手談は取りたかったから。 ・自分の考えだけだと限界がる。他に考えなければならない点に思い至らないことを危惧して。
人柄	14	・ベテランの人柄を知っており，相談に乗ってくれそうだった。 ・なんでも話をしていいという雰囲気があり，尋ねやすかった。 ・社内のことをよく知っている，適切な言葉使いをマネしたいと思っていた。

52

出典：筆者作成。

2．新技術か否か

　【YQ6】［新技術］の質問文は正確には「ベテランに尋ねたケースはDXやアジャイルなど（または当時の時点で）の新技術に関するものですか？」という質問をしています。「Yes」が3ケース，「No」が49ケースとなっています。新技術名としては，DXやAIやIoTやGitやスマートフォン向けアプリ開発およびアジャイル開発技法などを想定していましたが，そのような新技術に関わることがらは含まれていないようです。したがって，古い経験知であっても，次世代層からは期待されていることがわかります。

本節のまとめ

　表5-3から，次世代層が必要としている経験知は「ものづくり」に関わるものは少なく，大半はプロジェクト推進に関する課題となっています。この経験知は「広義のものづくり」に関わる知であることと考えられます。

第4節　受け取った知への信用度

　本節では経験知に対する信用度について，受け取った次世代層と伝えた側の
ベテラン層の両者の認識の相違から確認します。本節では以下の項目を用いま
す。

　　・【YQ13】［知への信用度］と【SQ13】［知の確度］
　　・【YQ15】［知の有益度］
　　・【SQ10】［場づくり］

1．受け取った知への信用度と有益度

　【YQ13】［知の信用度］は受け取った経験知に対して次世代層が抱いた信頼
感，【SQ13】［知の確度］は伝えた側のベテラン層としてどの程度の人から認
められたものであったかという質問です。いずれも5段階の選択肢から1つを
選択するようになっており，選択肢の尺度を表す文章は筆者の経験に基づく選
択肢文としています（表5-5参照）。

　【YQ13】［知への信用度］と【SQ13】［知の確度］との関係を表5-6に示し
ます。また，受け取った経験知が最終的にとの程度有益と次世代層が評価して
いるのか【YQ15】［知の有益度］を表5-7に示します。

　5段階は厳密には均等ではない選択肢ですが，【YQ13】［知の信用度］は5
段階評価の5が多く，全52ケース平均値は4.56，【YQ15】［知の有益度］も5
段階評価の5が多く4.67と高くなっています。ところが，伝えた側のベテラ
ン層【SQ13】［知の確度］は5段階評価の「3：自己の信念」が多く29ケース
の平均値は3.38と低いようです。組織的に正当化（皆が評価，または特定範
囲で評価されている）されていないような，個人的な考えである「自己の信
念」が目立ちます。このことから，次世代層とベテラン層の双方の認識には差
が有ると考えられます。

表 5-5　知の信用度と知の確度の選択肢

【YQ13】知の信用度			【SQ13】知の確度		
選択肢	尺度	本書の表記	選択肢	尺度	本書の表記
大いに確からしい経験知だと思った。	5	確からしい	成果物として残してありその内容も多くの人から評価されたものだった。	5	皆が評価
少しエビデンスが不確実なところはあるがおおむね確からしいと思った。	4	だいたい確か	成果物にはなっているが特定の範囲（一部の人）では共感が得られているものだった。	4	特定範囲で評価
ある程度確からしいと思った，そのベテランを信用した。	3	ある程度確か	自分の経験知として信念に近いものだったが多くの人から賛同を得られるかは確認していない。	3	自己の信念
ベテランの思い込みが含まれていそうだと思った。	2	一部曖昧	尋ねられたケースにたぶん関連すると思った自分の経験知を伝えた。	2	関連する経験知
信じるにはエビデンスが不足していると思った。	1	不確実な知	次世代から尋ねられたケースとは異なるので参考として伝えたものだった。	1	参考程度

出典：筆者作成。

表 5-6　知の信用度と知の確度（ケースごと）

選択肢	次世代層【YQ13】知の信用度 全52ケース				ベテラン層【SQ13】知の確度 ペア29ケース		
5　確からしい	37	71.1%	18	62.1%	5　皆が評価	4	13.8%
4　だいた確か	8	15.4%	6	20.7%	4　特定範囲で評価	9	31.0%
3　ある程度確か	7	13.5%	5	17.2%	3　自己の信念	11	37.9%
2　一部曖昧	0		0		2　関連する経験知	4	13.8%
1　不確実な知	0		0		1　参考程度	1	3.4%
計	52		29			29	

出典：筆者作成。

表5-7　経験知の有益度（ケースごと）

選択肢		次世代層【YQ15】経験知の有益			
		全52ケース		ペア回答29ケース	
5	大いに評価できる	36	69.2%	21	72.4%
4	ある程度評価できる	15	28.8%	7	24.1%
3	普通。期待した程度だった	0		0	
2	期待には届かなかった	0		0	
1	低い評価	0		0	
0	判断できない	1	1.9%	1	3.4%
	計	52		29	

出典：筆者作成。

2．受け取った知への信用度と知の確度との差異

　ペア回答29ケースを表5-8に示します。表5-8で【YQ13】［知の信用度］
と【SQ13】［知の確度］の評価差が2以上となっている12ケース（41.4％）
には認識の差異が有ると考えられます。そこで，認識の差異が存在している
12ケースの内訳を表5-9に示します。この表には次世代層【YQ5】［知の適用
先］，「経験知の種類」の他に，ベテラン層側が配慮している【SQ10】［場づく
り］も並べています。

　【YQ5】［知の適用先］は大半が「プロジェクト推進」の課題に関わるケース
であることがわかります。また補正後の「経験知の種類」は専門知が4ケー
ス，思考スキルが2ケース，行動スキルが6ケースとなっています。行動スキ
ルのケースは表5-1のとおり10ケースであるため，その内の6割がこれに該
当します。

　【SQ10】［場づくり］に対する文章回答を参照すると，ケース6では落とし
所を考えながら，ケース14では幹部初心者だからミスが起きないよう気配り
しながら，ケース17では相手の考え方を意識しながら，ケース24では質問を
繰り返して考えさせた，となっています。つまり，相手のスキルと学びになる
ことを意識しながら必要となる知を絞って伝えていたケースとなっています。

　また，12ケースの内6ケースが主にネットを用いた「場」を用いています
が，これをもってネットを用いる場合は過度に使用度が高くなると結論付ける

表 5-8　知の信用度と知の確度の照合

	ケース番号	名	次世代層			ベテラン層		名
			【YQ15】有益度	【YQ11】理解度	【YQ13】知の信用度	【SQ13】知の確度	【SQ11】理解期待度	
1	1	Y01	5	4	5	4	5	S01
2	2		4	4	4	3	4	
3	3	Y02	5	5	5	3	4	S02
4	4		5	3	4	4	4	S03
5	7	Y04	5	5	5	4	5	
6	9	Y06	4	5	5	3	5	
7	26	Y21	2	4	3	4	5	
8	27		4	4	4	4	4	
9	5	Y03	5	5	5	5	5	S04
10	6		5	5	5	3	5	
11	20	Y16	4	4	3	4	4	
12	10	Y07	5	4	5	4	5	S06
13	11	Y08	5	3	3	3	4	S07
14	21	Y17	4	4	5	5	4	
15	22		5	4	5	5	4	
16	14	Y11	5	4	4	2	3	S10
17	15	Y12	5	4	5	3	4	
18	16		5	5	5	4	5	
19	17	Y13	5	4	5	2	5	
20	18	Y14	4	4	3	3	3	
21	24	Y19	5	4	5	3	4	
22	19	Y15	5	5	5	5	5	S11
23	28	Y22	5	4	5	3	4	S14
24	29		5	5	5	3	4	
25	37	Y27	5	3	5	2	5	S19
26	40	Y29	5	4	3	3	5	
27	41		5	4	5	1	5	
28	50	Y38	4	5	4	2	5	S29
29	51		5	5	4	4	5	
	平均値		4.66	4.28	4.45	3.38	4.38	

注：網かけ部は評価の差が 2 以上のケース。
出典：筆者作成。

表 5-9　知の信用度と知の確度が乖離している経験知の種類

	ケース	名	【YQ3】経験知（要約）	【YQ5】知の適用先	経験知の種類	【YQ13】知の信用度	【SQ13】知の確度	名
			次世代層				ベテラン層	
			【SQ10】［場づくり］					
1	3	Y02	ドキュメントレビューの観点	ものづくり	専門知	5	3	S02
			【SQ10】［場づくり］個別対面：普段の仕事上の中で対面の時間を別途確保した。					
2	9	Y06	顧客業務の知見を有する組織情報	他	行動スキル	5	3	S03
			【SQ10】［場づくり］通常業務：お客様やプロジェクトの状況を共有した上で，判断や回答対応としてではなく，適切な対応体制を一緒に検討した。					
3	6	Y03	WG 活動を上手に進めたい	PRJ 推進	行動スキル	5	3	S04
			【SQ10】［場づくり］ネット：Skype 会議で意識合わせ。直属上司に状況を確認した上で落としどころを考えながら，対策は次世代自ら考えてもらった。					
4	14	Y11	商流を組織した商品化	PRJ 推進	専門知	4	2	S10
			【SQ10】［場づくり］通常業務：1 対 1 での会議，メール，Skype。お客様対応，事務局と打ち合わせ，上層部報告などイベントがあるごとに会話して指導。幹部一年目の初心者。ミスがないように指導するのに苦労。					
5	15	Y12	難しい依頼をしてくる営業	PRJ 推進	行動スキル	5	3	S10
			【SQ10】［場づくり］ネット：チャット中心で会話。すべては伝えず考え方に重きをおいた。世間話等も多く会話に取り入れフレンドリーを心がけた。					
6	17	Y13	上層部・上司への報告	PRJ 推進	思考スキル	5	2	S10
			【SQ10】［場づくり］ネット：Skype で会話。レポート先の相手はどう考えるかなど相手の特性を意識した考え方を指導。					
7	24	Y19	対応に困る営業	PRJ 推進	行動スキル	5	3	S10
			【SQ10】［場づくり］ネット：事業所が離れているのでメール，チャット，Skype で会話。見本となる案件を自ら対応しやり方，考え方を伝えた。					
8	28	Y22	Web を利用した企画の進め方	PRJ 推進	思考スキル	5	3	S14
			【SQ10】［場づくり］通常業務：普段の仕事の合間に，次世代からの質問に答える形で実施。実際の例を示したり紙に説明図を描いたり工夫した。					
9	29	Y22	他部門へ依頼する資料作り	PRJ 推進	専門知	5	3	S14
			【SQ10】［場づくり］ネット：普段の仕事の合間に，次世代からの質問に答える形で実施。					
10	37	Y27	チームマネジメントする立場になった	PRJ 推進	行動スキル	5	2	S19
			【SQ10】［場づくり］個別対面：各種審査会やら飲み会の席でストレートに話せる場で会話。					

11	41	Y29	損益管理観点からの問題分析	PRJ 推進	専門知	5	1	S19
			【SQ10】［場づくり］ネット：会話の中で愚痴を聞き，理解ポイントを資料化して提供。					
12	50	Y38	物事を整理するための軸	ものづくり	思考スキル	4	2	S29
			【SQ10】［場づくり］通常業務：検討会の場であったと思うので，特別な「場」作りはない。					

注：「PRJ」はプロジェクトの略。
出典：筆者作成。

ことはできませんが，傾向として存在していることは留意する点と考えられます。

本節のまとめ

　表5-6から，組織内で正当化まで至っていないベテラン個人の「自己の信念」という表出化されずにベテラン個人に内在している暗黙知であっても次世代層からは十分信用されています。

第5節　ベテラン層の見解

　前節までの結果に対してベテラン層が賛同できると考えているのかについて第3ステップでアンケートを行っています。本節では以下の質問項目を用います。

・【SQ31】［経験知の種類への納得度］選択肢と理由（文章回答）
・【SQ32】［内在理由への納得度］理由（文章回答）

1．経験知の種類に対する納得度

　【SQ31】［経験知の種類への納得度］についての回答結果を表5-10に示します。評価5と評価4の合計は28名（70.0％）であることから表5-2「経験知が内在したままになっている理由」はシニア層から賛同を得られたと考えられます。

表5-10 経験知の種類への納得度

	【SQ31】経験知の種類への納得度の選択肢	シニア層	
5	この様な結果には賛同できる	9	22.5%
4	この様な結果にはある程度納得できる	19	47.5%
3	何らかの参考にはなる	10	25.0%
2	この様な結果は少し違うのではないか	1	2.5%
1	意外な結果でどう解釈して良いか分からない	0	
0	感想無し	1	2.5%
	計	40	

注：評価2を選択した1名は，その組織のルールやコンテキストが背景にあるはず
　　なのにアンケートではその考慮がなされていないから，というもの。
出典：筆者作成。5段階選択肢文は筆者作成。

【SQ31】［経験知の種類への納得度］には理由を文章で回答できる欄も設けています。30人からの回答は以下の2通りのカテゴリに分けられます。

・次世代層が期待する経験知についての特徴　17名

　課題に直面する体験が無いと判らない知である，直ぐに使える知である，論理的思考は実際の現場で説明して伝わる知である，手早く済ませたいという傾向がある，人による視点を理解するのが難しいもの，質問してくる状況から余裕が無い次世代層の様子が伺える，思考スキルを尋ねるのは難しいから専門知を聞いてくる傾向がある，などの回答が挙げられています。

・経験知を有するベテラン層の存在価値　10名

　経験知は説得力が有るから，ヒントや視点を提供できる，失敗経験があるからこそ言及できる，タイムリーなフォローも求められている，などの回答が挙げています。

2．ベテラン層に内在している理由への納得度

　【SQ32】［内在理由への納得度］は，経験知がベテラン層に内在したままになっている理由として「共同化で伝える知であり，一緒に行動して体感し，対話し，理由や態度に共感して学べる知だから形式知化はそもそも無理」という見解に対してどのように思うか，という質問です。38名から回答が有り，文

章回答は以下の 2 通りに整理できます。

・その理由に賛同　24 名

　　主な意見としては，協創だから，直接問いかけて理解できるものだから，唯一無二のプロジェクトだから，一緒に行動して体感するものだから，技術サイクルが短いから，その場その場で対応するものだから，などが挙げられています。

・形式知化できる範囲は形式知化する努力をすべき　14 名

　　プロセスや判断基準を形式知化する，学んだプロセス・思考過程をわかりやすく記述する，一般的なノウハウならば形式知化可能，構造化して伝える，形式知化する視点に基づいて経験を分解・再構成する，形式知化する仕組みや組織活動，ナレッジを公開して利用する仕組みの整備，などが挙げられています。

　約 1/3 のシニア層が「形式知化できる範囲で形式知化する努力をすべき」と考えています。これは，これまでそうやろうとして出来ていないことから実際に実現できるか否かはわからないが，シニア層になって，ミッションとなり，そうする時間的な余裕が出来たので今後はやれるのではないか，という期待です。「できる範囲」という前提なので，すべてできると思っているわけではなく，すべての形式知化は無理であることはシニアの大半の考えであることに変わりはないと考えられます。

3．本節のまとめ

　表 5-10 から，ベテラン層に内在したままになっている知は「共同化で伝える知であり，一緒に行動して体感し，対話し，理由や態度に共感して学べる知だから形式知化はそもそも無理」という共通認識をベテラン層は有しているようです。また，できる範囲で形式知化すべきという意見も出ていますが，すべてを形式知化できるとは考えているものではないようです。

第6節　本章のまとめ

　表5-1から，専門知，思考スキル，行動スキル，自己管理という4分類・13項目で分類される経験知の種類は問題なく適用できており，A社SE部門において次世代層が期待するベテラン層の経験知の種類を量的に測定できています。次世代層は【YQ4】［経験知の種類］で専門知を尋ねた場合でも，ベテラン層は尋ねられた知に加えてその背景にある課題と向き合い，次世代層のスキルを考慮しながら必要と考えられる思考スキルや行動スキルも同時に伝えています。表5-2から，ベテラン層の個人知として内在している経験知は，共同化の場で伝える知であり，一緒に行動して体感し，対話し，理由や態度に共感して学べる知だから形式知化はそもそも無理と考えられている知であると考えられます。表5-3から，次世代層が必要としている経験知は「ものづくり」に関わるものは少なく，大半はプロジェクト推進に関する課題となっています。この経験知は「広義のものづくり」に関わる知であることと考えられます。表5-6から，組織内で正当化まで至っていないベテラン個人の「自己の信念」という表出化されずにベテラン個人に内在している暗黙知であっても次世代層からは十分信用されています。この知は表5-10からは「共同化で伝える知であり，一緒に行動して体感し，対話し，理由や態度に共感して学べる知だから形式知化はそもそも無理」という共通認識をベテラン層は有しているようです。また，できる範囲で形式知化すべきという意見も出ていますが，すべてを形式知化できると考えているものではないようです。

　これらのことから，問1「次世代層が期待するベテラン層の経験知にはどのような特徴があるのか？」については，プロジェクト推進上の課題を解決するための知が求められており，専門知に加え課題を解決するための思考スキルと行動スキルも同時に必要とされています。またベテランに内在したままの個人知となって組織的な観点では暗黙知となっているこれらの知は形式知が難しく，共同化でしか伝えることができない知であり，ベテラン層個人の自己の信念に基づく知であっても次世代層からは信用されています。この経験知は「時代や技術が変化しても有益な技術系と人間系にまたがる領域のマネジメントと

人間力についての知見」（経営者A氏）の傾向を示すものであり，企業の技術力維持向上に必要な知であると考えられます。

　筆者の感想としては，単語程度でしか表現されてこなかった経験知を暗黙知の種類で整理できたこと，および表出化したくても表現できない経験知をベテラン層に実際に自覚していることが確認できたことは意義があることと考えています。また，次世代層は自己の考えを裏付けるために経験知を必要としていることから，必要最低限の経験知を伝えれば良さそうです。

第6章
経験知の伝え方と受け取り方

　本章では個人知としてベテラン層に内在したままの暗黙知をどのように次世代層へ伝えれば良いのか？　について，その特徴を確認します。本章は次のような構成となっています。

1）ベテラン層が意図して用いた伝え方と，次世代層が認識している受け取り方を照合し，双方の認識の差異について確認します。
2）認識に差異が有った場合でも，次世代層がどの程度その経験知を理解できているのかを確認します。
3）どのような対話場で次世代層が経験知を受け取っているのかについて，次世代層とベテラン層の双方の認識の差異を確認します。
4）次世代層が経験知を受け取って理解する際に，対話場や熟達度と何らかの関係が有るのかを確認します。
5）上記の結果に対して，伝える側のベテラン層がどの程度賛同できると思ったのかという見解を確認します。

　これらの結果として，問2「経験知の伝え方と受け取り方にはどのような差異があるのか？」についての答えを確認します。

図6-1　経験知の伝え方と受け取り方に関わる測定項目

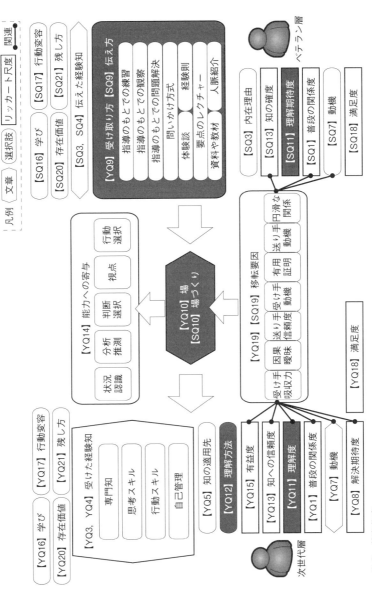

出典：筆者作成。

第1節　経験知の受け取り方と伝え方の関係

　本節ではベテラン層が意図して用いた伝え方の方法と，次世代層が認識している受け取り方を照合し，双方の認識の差異について確認します。本節では以下の質問項目を用います。

・【YQ9】［受け取り方］
・【SQ9】［伝え方］

1．経験知の受け取り方と伝え方の認識

　【YQ9】［受け取り方］で次世代層が認識している受け取り方を質問し，伝える側として意図して用いた方法を【SQ9】［伝え方］でベテラン層に質問しています。それぞれの選択肢は表6-1に示すとおり対比できるようになっています。表6-1は表3-7「知を受け取る方法」をもとに，A社SE部門で理解できるような選択肢を筆者の経験から文章化しています。また，複数の選択肢を選択可としています。選択肢の内，指導のもとで練習・観察・段階的解決，および問いかけ方式は複数回の対話をしていると思われるため主に共同化における伝え方と考えられます。体験談（失敗／成功），経験則，レクチャーなどは主に内面化で伝えるものであると考えられますので，必ずしも共同化を伴わない方法としています。

表 6-1　経験知の受け取り方・伝え方の選択肢

【YQ9】受け取り方の選択肢	本書の呼称		【SQ9】伝え方の選択肢
ベテランから教えてもらったことを何度か練習して経験知を理解した。	指導のもとでの練習	共同化を伴う	次世代に経験知を伝え，何度か練習して経験知を理解してもらった。
ベテランに実際に実践してもらってその行動を観察して経験知を理解した。	指導のもとでの観察		自分が見本として自ら実際に実践し，その行動を観察して経験知を理解してもらった。
ベテランから何度か指導を受けながら段階的に課題解決を行って経験知を理解した。	指導のもとでの段階的解決		都度指導しながら段階的に課題解決を進めてもらい，経験知の全体を理解してもらった。
ベテランから問いかけを受けて何度か返答をしながらベテランの言うところを理解した。	問いかけ（ソクラテス）方式		次世代に問いかけを繰り返し自ら考えてもらった。それを繰り返して経験知の要点を伝えた。
ベテランの体験談（成功体験，失敗体験，伝聞情報，など）を聞いてその要点を理解した。	体験談（失敗／成功）	共同化は必ずしも伴わない	自分の経験談（成功体験，失敗体験，他のベテランからの伝聞情報，など）を伝えた。
ベテランの体験した経験則を教えてもらい，自分が抱えている実情に当てはめてみた。	経験則		そのケースに該当する自己の経験則や判断基準や原理原則などを伝えた。
ベテランから要点を説明してもらってポイントを理解した。	レクチャー		そのケースに該当する重要ポイントを見極め，その要点をレクチャーし理解してもらった。
既に資料化されたものや教材をベテランから紹介され，それを教えてもらった。	資料説明		既に資料化されたものや教材が有ったのでそれを次世代者に紹介し，質問に答えた。
そのベテランも知らなかったので知っている人（人脈）を教えてもらった。	人脈（他者）紹介		自分よりも多くの情報を知っている人（他のベテラン，など）を紹介した。
その他	ほか		その他

出典：筆者作成。

　第4章第1節「測定項目とアンケートの流れ」で示しているとおり，ベテラン層に伝えているのは次世代層の氏名と【YQ3】［経験知］の内容のみなので，次世代層が回答した【YQ9】［受け取り方］をベテラン層は知りません。そのため次世代層の【YQ9】［受け取り方］とベテラン層の【SQ9】［伝え方］を比較することで双方の認識の差異を確認することができます（表6-2参照）。

表6-2　経験知の受け取り方と伝え方の照合

【YQ9】受け取り方						選択肢		【SQ9】伝え方	
全52ケース		ペア回答 29ケース		ペア回答比較				ペア回答 29ケース	
4/52	8%	3/29	10%	0/6	0%	指導のもとでの練習	共同化を伴う	6/29	21%
6/52	12%	4/29	14%	0/8	0%	指導のもとでの観察		8/29	28%
23/52	44%	11/29	38%	2/6	33%	指導のもとでの段階的解決		6/29	21%
20/52	38%	11/29	38%	6/6	100%	問いかけ方式		6/29	21%
22/52	42%	13/29	45%	6/14	43%	体験談（失敗/成功）	共同化を伴わない	14/29	48%
16/52	31%	7/29	24%	2/12	17%	経験則		12/29	41%
21/52	40%	13/29	45%	6/12	50%	レクチャー（端的な指示）		12/29	41%
13/52	25%	6/29	21%	2/6	33%	資料で説明		6/29	21%
5/52	10%	3/29	17%	0/1	0%	人脈（他者）紹介		1/29	3%
4/52	8%	1/29	3%	0/1	0%	ほか		1/29	3%
計134		計74		計24				計73	

注：ペア回答比較は次世代層とベテラン層のペアケースに対する個人回答の比較。
出典：筆者作成。

　この表では，「全52ケース」と「ペア回答29ケース」の2つに分け，「ペア回答29ケース」についてはベテラン層からのペア回答比較を示します。「ペア回答比較」からは2つの傾向が見受けられます。

・ベテラン層が【SQ9】［伝え方］において「指導のもとで練習」させたり「指導のもとで観察」させたりしたつもりでも，次世代層は【YQ9】［受け取り方］で一致する回答は0％でした。つまり，知の送り手は背中を見せて伝えたつもりでも次世代層はそのようには認識していません。
・ベテラン層が「経験則」を伝えた場合，次世代層は「体験談」7ケースと「レクチャー」6ケースとして受け取っています。これらに比べ，「問いかけ方式」，「レクチャー」はそれぞれ100％，50％となっていて，伝え方と受け取り方との認識の一致度が高いと言えます。
・次世代層側の「全52ケース」と「ペア回答29ケース」の各項目の比率の値の差異はそれぞれ数％程度であり，「ペア回答29ケース」から導いてい

る「ペア回答比較」の結果は「全 52 ケース」にも当てはめられると考え
られます。

　次世代層はベテラン層が意図した伝え方と異なる方法で受け取ったと認識し
ている傾向が有ります。これらの傾向は第 10 章でさらに考察します。

２．経験知の受け取り方と伝え方の差異

　ペア回答 29 ケースのペア回答ごとに，次世代層 20 名の識別番号，受け取っ
た【YQ4】［知の種類］（補正前），【YQ9】［受け取り方］（略称），【SQ9】［伝
え方］（補正前），補正後の［知の種類］，ベテラン層 11 名の識別番号を並べた
ものを表 6-3 に示します。ベテラン層【SQ9】［伝え方］と次世代層【YQ9】
［受け取り方］に差異の有無は以下を基準とします。

　・ベテラン層【SQ9】［伝え方］と同じ方法が次世代層【YQ9】［受け取り方］
　　に含まれていない。ただし，【YQ9】［受け取り方］の方法の種類が多い場
　　合は差異が有るとはしない。
　・【SQ9】［伝え方］で「指導のもとでの観察」はベテランが実際にやってみ
　　せているのでその認識が無いものは差異として扱う。
　・【SQ9】［伝え方］で「指導のもとでの練習」「指導のもとでの段階的」の
　　場合では，なんらかの実践を通した学習方法であるという認識が次世代層
　　に無い場合は差異として扱う。

　その結果，18 ケースにおいて差異が有るようです。

表6-3　ペア回答29ケース経験知の伝え方と受け取り方

	ケース		次世代層		差異	ベテラン層		
		名	【YQ4】知の種類	【YQ9】受け取り方（略称）		【SQ9】伝え方（略称）	補正後の知の種類	名
1	1	Y01	思考スキル	観察，問いかけ，レクチャー	−	問いかけ，体験談，レクチャー	思考スキル	S01
2	2	Y01	行動スキル	問いかけ，体験談	−	問いかけ，体験談，経験則	行動スキル	S01
3	3	Y02	専門知	練習，レクチャー	−	レクチャー	専門知	S02
4	4	Y02	専門知	資料，人脈	有	体験談，レクチャー，その他	専門知	S03
5	5	Y03	専門知	段階的	有	観察	思考スキル	S04
6	6	Y03	行動スキル	問いかけ，レクチャー	−	問いかけ，経験則，レクチャー	行動スキル	S04
7	7	Y04	専門知	体験談，経験則，レクチャー，資料	−	体験談，資料，その他	専門知	S03
8	9	Y06	専門知	その他（口頭で）	−	体験談，人脈	行動スキル	S03
9	10	Y07	専門知	段階的，問いかけ，体験談，レクチャー，人脈	−	問いかけ，体験談	思考スキル	S06
10	11	Y08	行動スキル	体験談，経験則	有	観察	行動スキル	S07
11	14	Y11	専門知	段階的，体験談，レクチャー	有	練習，観察，経験則，レクチャー	専門知	S10
12	15	Y12	専門知	段階的，体験談	有	練習，観察，経験則	行動スキル	S10
13	16	Y12	専門知	問いかけ，体験談	有	練習，観察，問いかけ，レクチャー	専門知	S10
14	17	Y13	思考	段階的，レクチャー	有	観察，体験談，レクチャー	思考スキル	S10
15	18	Y14	専門知	段階的，レクチャー	有	練習，体験談	専門知	S10
16	19	Y15	専門知	練習，観察，段階的，問いかけ，体験談，経験則，レクチャー，資料	−	問いかけ，体験談，経験則，レクチャー，資料	思考スキル	S11
17	20	Y16	思考スキル	段階的，問いかけ，体験談，レクチャー	−	体験談，経験則	思考スキル	S04
18	21	Y17	専門知	体験談，レクチャー	有	練習，経験則，資料	専門知	S07
19	22	Y17	専門知	体験談，レクチャー	有	練習，段階的，資料	思考スキル	S07
20	24	Y19	行動スキル	段階的	有	観察，段階的，経験則，レクチャー	行動スキル	S10
21	26	Y21	専門知	資料	有	段階的	専門知	S03

22	27	Y21	専門知	経験則	有	段階的		専門知	S03
23	28	Y22	専門知	練習	有	観察，段階的		思考スキル	S14
24	29	Y22	専門知	段階的，資料	−	段階的		専門知	S14
25	37	Y27	行動スキル	問いかけ，体験談，経験則	−	体験談，経験則		行動スキル	S19
26	40	Y29	専門知	観察，体験談，経験則	有	レクチャー，資料		行動スキル	S19
27	41	Y29	専門知	観察，段階的，問いかけ，レクチャー	有	体験談，経験則，資料		専門知	S19
28	50	Y38	専門知	問いかけ，資料，人脈	有	体験談，経験則，レクチャー		思考スキル	S29
29	51	Y38	専門知	問いかけ	有	体験談，経験則，レクチャー		専門知	S29

注：受け取り方／伝え方の呼称は表6-1「本書の呼称」をさらに単語に略しています。
出典：筆者作成。

表6-3からは以下2点が見受けられます。

① 伝え方としての「指導のもとでの練習」や「指導のもとでの観察」

　ベテラン層が「指導のもとでの練習」（練習と略す）や「指導のもとでの観察」（観察と略す）を用いた場合は以下のような傾向が見受けられます。

・ケース11のベテラン層S07はY08に対して通常の仕事の中で自ら実践して「観察」させたつもりでもY08は「体験談」「経験則」と解釈しています。ケース14～18のS10は「練習」や「観察」を多用していますが，Y11・Y12・Y13・Y14も「練習」や「観察」という方法で受け取ったという認識は無く「段階的解決」などを選択しています。S10の記憶違いという可能性が無いわけではないですが，受け取る側の次世代層は同様な回答をしています。
・ケース5のS04とY03においても同様です。
・ケース28のS14とY22も同様です。

　「指導のもとでの観察」ではベテラン層はいわゆる「背中を見せた」訳ですが，次世代層は「背中を見ていなかった」ということになります。

② 伝え方としての「問いかけ方式」
・伝える側のベテラン層が「問いかけ方式」の場合は受け取る側の次世代層
　も100%「問いかけ方式」で受けていると認識しています。
・ベテラン層が「問いかけ方式」を用いていないのに次世代層が「問いかけ
　方式」で受け取ったと認識しているS04とY16，S19とY27やY29，S29
　とY38（ケース20，37，41，50，51）があります。

　「問いかけ方式」は方法として受け取る側にも認識しやすい方法ということ
となります。また，ベテラン層は普段から無意識に用いているのかもしれませ
んが，そうであるとまでは本書では言い切れないようです。

本節のまとめ
　表6-3から，ベテラン層が意図して用いた【SQ9】［伝え方］と次世代層が
認識している【YQ9】［受け取り方］との間には差異が出ており，特に「実践
を通した学習」は認識の相違が顕著となっています。ただし，「問いかけ方法」
は両者の間での認識の差異は少ないようです。

第2節　経験知の理解度

　前節でベテラン層が意図して用いた【SQ9】［伝え方］の方法と次世代層が
認識している【YQ9】［受け取り方］との間には差異が出ている状況の中で
あっても，次世代層はきちんと経験知を受け取れていたのでしょうか。本節で
は以下の質問項目を用いてどの程度理解できていたのかを確認します。

　・次世代層の【YQ11】［理解度］
　・ベテラン層の【SQ11】［理解期待度］

1．経験知の理解度と理解期待度
　【YQ11】［理解度］と【SQ11】［理解期待度］を表6-4に示します。

表 6-4　次世代層の理解度とベテラン層の理解期待度

選択肢		次世代層【YQ11】理解度				ベテラン層【SQ11】理解期待度		
		全 52 ケース				ペア 29 ケース		
5	ほとんど理解できた	21	40.4%	12	41.4%	5	理解力は有しているはず	13	44.7%
4	だいたい理解できた	27	51.9%	15	51.7%	4	すべては無理でも要点は伝わるはず	14	48.3%
3	半分理解できか	4	7.7%	2	6.9%	3	何かを得てくれるはず	2	6.9%
2	あまり理解できなかった	0		0		2	どの程度伝わるかは予想が付かず	0	
1	ほとんど理解できなかった	0		0		1	理解できることは期待していなかった	0	
	計	52		29				29	

出典：筆者作成。

　全 52 ケースにおいてもペア回答 29 ケースにおいても次世代層の選択肢は同様な値となっています。ベテラン層【SQ11】［理解期待度］もほぼ類似の傾向です。これらのことから，次世代層は受け取った経験知を自分は理解したと認識している，と考えられます。

2．経験知の受け取り方と理解度

　知の送り手であるベテラン層の経験知は受け手である次世代層からは理解されたと思われますが，表 6-2「経験知の受け取り方と伝え方の照合」のとおり，ベテラン層と次世代層との間の認識が異なる傾向が見受けられたことから，知が充分に伝わっていたのかという疑問が生じます。そこで，ペア回答の中で差異が有った 18 ケースについてベテラン層 3 名に個々にメールし，考えられる理由の見解を確認しています。

・ケース 5：次世代層 Y03 が「指導をもとに段階的解決」，ベテラン層 S04 が「指導をもとに観察」させたケース
　➢「実作業の中で身につけてほしいと思って実践してみせたけれども，大きな目的を分解して進めたので，受け取る方はその 1 つひとつを段階的に学んだ，と解釈をしたのではないか。なので，ギャップは無いと考える」という見解です。

- ケース15：次世代層Y12が「指導をもとに段階的解決，体験談，レクチャー」，ベテラン層S10が「指導をもとに練習，指導をもとに観察，経験則，レクチャー」というケース
  - ➤「Y11, Y12, Y13, Y14, Y19という5名にはそれぞれその人に適した指導をしていた。答えを言わず自己の経験を伝え考えさせていたので，受け取った側は課題解決という観点が強く見えたかもしれない。そこで課題解決に繋がるアドバイスを受けた，という印象を持ったのではないか」という見解です。
- ケース4：次世代層Y02が「資料，人脈」，ベテラン層S03が「体験談，レクチャー」というケース
  - ➤「資料を渡して内容をレクチャーした。体験談の中で人脈を聞き取ったのであろう」という見解です。
- ケース27：次世代層Y21が「経験則」，ベテラン層S03が「指導をもとに段階的解決」というケース
  - ➤「Y21に対しては数年かけて何度か指導する機会が有ったから段階的と受け取られたのだろう」という見解です。

　このように，受け取り方の解釈の相違は許容できる範囲であり，実質的に双方の誤解は無く，経験知は伝わっている，というベテラン層の共通的な認識となっています。また，いずれのケースも【YQ11】［理解度］と【SQ11】［理解期待度］，【YQ13】［知の信用度］，【YQ15】［有益度］の値は高く，ベテラン層の経験知は伝わったと解釈はできそうです。つまり，次世代層自身が必要としていた知は受け取れたと認識していることになります。

本節のまとめ

　ベテラン層が意図して用いた【SQ9】［伝え方］と次世代層が認識している【YQ9】［受け取り方］について両者の間に認識の差異があった場合でも，表6-4から，経験知は伝えられ，次世代層は自身が必要としていた知は受け取れたと認識しています。ただし，受け取り方と伝え方の認識に差異が有ることから，どのような伝え方をしているのかを言葉で相手に伝えておくことは必要か

もしれません。

第3節　経験知を受け渡しする対話場

　本節ではベテラン層が意図して用いた【SQ9】［伝え方］の方法と次世代層
が認識している【YQ9】［受け取り方］との間に出ている差異と，経験知を受
け渡しする対話場の間の関係を確認します。本節では以下の質問項目を用いま
す。

　　・【YQ10】［場］
　　・【SQ10】［場づくり］

　次世代層への質問項目【YQ10】［場］とベテラン層への質問項目【SQ10】
［場づくり］は，回答内容を制限してしまうことを避けるため，選択肢では無
く，いずれも文章回答としています。ペア回答の無いケースは次世代層からの
回答【YQ10】［場］のみを用いています。ペア回答29ケースについては次世
代層とベテラン層の両者の見解の差異はありません。その結果，全51ケース
（1ケースは未回答のため除外）の回答内容は「通常業務」「主にネット」「個
別対面」という3つに整理できることがわかりました。

　　・通常業務　ケース数20（39.2％）
　　　普段の仕事における会議や対面で会話する中で経験知を受け渡しする場
　　　合。
　　・主にネット　ケース数16（31.4％）
　　　直接対面で対話する機会もありますが，主たる方法としてチャットやメー
　　　ルやSkypeなどのネットを用いる場合。Skypeでも「個別対面」と言え
　　　るのかもしれませんが，身振り手振りや板書による図示は難しく，また映
　　　像ではなく固定画面（つまり電話替わり）で運用している場合もあること
　　　から個別対面とまでは言えないと思われます。
　　・個別対面　ケース数15（29.4％）

　　通常業務とは別に個別に別途対面で直接対話する機会を設ける場合。

　「主にネット」が約3割を占めており，大半が暗黙知であると考えられている経験知を移転する方法としてネットも用いられています。離れた事業所間で仕事をしている組織体制も増えており，直接対話したくてもできないという職場事情が背景もあるようです。表6-3「ペア回答29ケース経験知の伝え方と受け取り方」のペア回答29ケースの内，差異の有る18ケース（62.1％）の対話場の内訳を表6-5に示します。この内訳からは個別対面の場合は差異が発生する率は低いようですが，顕著な傾向とまでは言えないようです。

表6-5　経験知の受け渡しの差異と対話場

対話場	全ケース	ペア回答		
			差異のあるケース	
通常業務	20	8	5	62.5%
主にネット	16	14	10	71.4%
個別対面	15	7	3	42.9%
	51（※）	29	18	62.1%

注：※印：対話場の回答無し1件を除く。
出典：筆者作成。

　また，ペア回答29ケースの一覧（表6-6参照）から，伝え方としての「指導のもとでの練習」や「指導のもとでの観察」させた場合で，次世代層側の認識の差異のある18ケースの内，ケース5, 14, 15, 16, 17, 18, 28は「主にネット」を用いているようです。対話場や特定の個人に依存する影響も想定されますが，ケース数が少ないことから本書においては明確には論じるのは難しそうです。

本節のまとめ
　表6-5から，経験知を受け渡しする「対話場」として，通常の仕事の中での会話，主にネット機能を用いての会話，個別に機会を設けて会話，という3通りがあり，ほぼ均等に用いられています。

表6-6 ペア回答29ケース経験知の伝え方と受け取り方

	ケース	名	次世代層【YQ9】受け取り方（略称）	【YQ10】【SQ10】	差異	ベテラン層【SQ9】伝え方（略称）	名
1	1	Y01	観察，問いかけ，レクチャー	通常業務	—	問いかけ，体験談，レクチャー	S01
2	2	Y01	問いかけ，体験談	個別対面	—	問いかけ，体験談，経験則	S01
3	3	Y02	練習，レクチャー	個別対面	—	レクチャー	S02
4	4	Y02	資料，人脈	通常業務	有	体験談，レクチャー，その他	S03
5	5	Y03	段階的	ネット	有	観察	S04
6	6	Y03	問いかけ，レクチャー	ネット	有	問いかけ，経験則，レクチャー	S04
7	7	Y04	体験談，経験則，レクチャー，資料	通常業務	—	体験談，資料，その他	S03
8	9	Y06	その他（口頭で）	通常業務	—	体験談，人脈	S03
9	10	Y07	段階的，問いかけ，体験談，レクチャー，人脈	個別対面	—	問いかけ，体験談	S06
10	11	Y08	体験談，経験則	個別対面	有	観察	S07
11	14	Y11	段階的，体験談，レクチャー	通常業務	—	練習，観察，経験則，レクチャー	S10
12	15	Y12	段階的，体験談	ネット	有	練習，観察，経験則	S10
13	16	Y12	問いかけ，体験談	ネット	有	練習，観察，問いかけ，レクチャー	S10
14	17	Y13	段階的，レクチャー	ネット	有	観察，体験談，レクチャー	S10
15	18	Y14	段階的，レクチャー	ネット	有	練習，体験談	S10
16	19	Y15	練習，観察，段階的，問いかけ，体験談，経験則，レクチャー，資料	ネット	—	問いかけ，体験談，経験則，レクチャー，資料	S11
17	20	Y16	段階的，問いかけ，体験談，レクチャー	ネット	—	体験談，経験則	S04
18	21	Y17	体験談，レクチャー	個別対面	有	練習，経験則，資料	S07
19	22	Y17	体験談，レクチャー	個別対面	有	練習，段階的，資料	S07
20	24	Y19	段階的	ネット	有	観察，段階的，経験則，レクチャー	S10
21	26	Y21	資料	ネット	有	段階的	S03
22	27	Y21	経験則	ネット	有	段階的	S03

23	28	Y22	練習	通常業務	有	観察，段階的	S14
24	29	Y22	段階的，資料	ネット	−	段階的	S14
25	37	Y27	問いかけ，体験談，経験則	個別対面	−	体験談，経験則	S19
26	40	Y29	観察，体験談，経験則	ネット	有	レクチャー，資料	S19
27	41	Y29	観察，段階的，問いかけ，レクチャー	ネット	有	体験談，経験則，資料	S19
28	50	Y38	問いかけ，資料，人脈	通常業務	有	体験談，経験則，レクチャー	S29
29	51	Y38	問いかけ	通常業務	有	体験談，経験則，レクチャー	S29

出典：筆者作成。

第4節　経験知の理解方法と対話場・熟達度との関係

　経験知の受け取り方と伝え方の認識に差異が有る状況の中でも，次世代層は期待する経験知は受け取れたとしていますが，次世代層はどのような理解方法で経験知を理解したのでしょうか。また，対話場や熟達度との関係は有るのでしょうか。本節では以下の質問項目を用います。

　　・次世代層の【YQ12】［理解方法］と【YQ10】［場］
　　・ベテラン層の【SQ10】［場づくり］
　　・次世代層の【YQ12】［理解方法］，【YQ0】［年齢層］，【YP2】［職位］

1．理解方法

　【YQ12】［理解方法］を表6-7に示します。選択肢は，第3章第5節「知の獲得」における知の獲得方法などから，筆者が一般的な表現の文章を設けています。

表 6-7　理解方法の選択肢

選択肢	本書の呼称
似たような経験をしたことがあるから	疑似体験
ベテランからの説明に共感したから	説明に共感
要点や観点の違いがわかったから	要点観点の違い
対話を続ける内に理解できるようになった	次第に理解
理解できなかったのでわからない	理解できない
その他（別途：文章で回答）	その他

出典：筆者作成。

　【YQ12】［理解方法］の回答結果を表 6-8 に示します。理解方法「疑似体験」が少ないことから次世代層はまだ類似の経験は少ないものと思われます。「説明に共感」「要点観点の違い」「次第に理解」という 3 つの理解方法でほぼ均等です。「通常業務」において「次第に理解」して理解する比率が比較的高いようです。

　この表には参考として【YQ4】［経験知の種類（補正後）］の内訳も記載しています。【YQ12】［理解方法］と【YQ4】［経験知の種類（補正後）］に何らかの有為な差異をクロス集計してみましたが，有為な差異はないようです。

表 6-8　経験知の理解方法の内訳

【YQ12】理解方法（複数選択）			【YQ4】経験知の種類（補正後）							
			専門知		思考スキル		行動スキル		自己管理	
選択肢	回答数	%	26		15		10		1	
疑似体験	5/52	10%	2	8%	2	13%	1	10%	0	
説明に共感	34/52	65%	14	54%	11	73%	8	80%	1	100%
要点観点の違い	29/52	56%	13	50%	10	67%	6	60%	0	
次第に理解	23/52	44%	13	50%	8	53%	2	20%	0	
その他	5/52	10%	4	15%	1	7%	0		0	

注：選択肢「理解できない」の回答数はゼロのため省略。
出典：筆者作成。

2．理解方法と対話場との関係

　【YQ12】［理解方法］と対話場（【YQ10】［場］と【SQ10】［場づくり］）との間に何からかの差異があるのかを確認するためクロス集計をしています（表6-9参照）。

表6-9　理解方法と対話場との関係

【YQ12】理解方法	対話場									χ^2 検定
	通常業務			主にネット			個別対面			
	選択	非選択	計	選択	非選択	計	選択	非選択	計	
疑似体験	3	17	20	1	15	16	1	14	15	0.599
説明に共感	11	9		10	5		13	2		0.134
要点観点の違い	12	8		9	7		8	7		0.913
次第に理解	11	9		6	10		5	10		0.376
その他	2	18		2	14		1	14		0.858

　注：作表の都合上，クロス表の縦と横を逆に表記。理解方法「その他」は数が少ないため略。
　出典：筆者作成。作表の都合上，クロス表の縦と横を逆に表記。

　χ^2 検定で5％有意水準に達している組み合わせはありません。このことから，【YQ12】［理解方法］に対する「通常業務」「主にネット」「個別対面」という「対話場」による大きな差異は無いと言えます。

3．理解方法と熟達度との関係

　次世代層の熟達度は【YQ0】［年齢層］と【YP2】［職位］から表4-5「次世代層の想定熟達度」を用いてグループ分けしています。理解方法と熟達度との間に何らかの差異があるのか，クロス集計をしています（表6-10参照）。χ^2 検定で5％有意水準に達している組み合わせはありません。このことから，【YQ12】［理解方法］に対する熟達度との大きな差異は無いと言えます。

表6-10　理解方法と熟達度との関係

【YQ12】理解方法	若手層 (34歳以下)			中堅層 (一般社員) (35歳以上)			中堅層 (幹部社員) (35歳以上)			χ²検定
選択肢	選択	非選択	計	選択	非選択	計	選択	非選択	計	
疑似体験	0	12	12	1	17	18	4	18	22	0.176
説明に共感	8	4		12	6		13	9		0.641
要点観点の違い	3	9		10	8		14	8		0.091
次第に理解	5	7		10	8		8	14		0.468

注：クロス表の縦と横を逆に表記。SPSS Statistics バージョン 26 使用。
出典：筆者作成。

本節のまとめ

　表6-8 から，知の受け手は，説明に共感する，要点観点の違いから理解する，対話を続ける内に次第に理解する，という方法で経験知を理解しています。なお理解方法と受け渡しする「対話場」との関係，理解方法と次世代層の「熟達度」との関係で有為な差異はありません。

第5節　ベテラン層の見解

　前節までの結果に対して，ベテラン層が賛同できると考えているのか第3ステップでアンケートを行っています。本節では以下の質問項目を用います。

　・【SQ33】［伝え方への納得度］選択肢と理由（文章回答）

　表6-2「経験知の受け取り方と伝え方の照合」に対するシニア層の納得度は筆者が5段階の選択肢を設けています（表6-11 参照）。評価5と評価4の合計は28名（70.0％）となっていることから，表6-2「経験知の受け取り方と伝え方の照合」はベテラン層から賛同が得られたと考えられます。

表6-11　経験知の伝え方と受け取り方への納得度

選択肢		回答数	
5	この様な結果には賛同できる	5	12.5%
4	この様な結果にはある程度納得できる	22	55.0%
3	何らかの参考にはなる	9	22.5%
2	この様な結果は少し違うのではないか	1	2.5%
1	意外な結果でどう解釈して良いか分からない	0	
0	感想無し	1	2.5%
		計　40	

出典：筆者作成。

　理由（文章回答）を整理すると，感想を述べたものが17件，選択理由を述べたものが12件となっています。その中には対策案として，繰り返しが必要，伝え方の体系化すべき，メンタリングによる相互共感は重要，やらせてみて指導する社風だから，次世代層側の受け身ではない姿勢が重要，という記載も含まれています。これらは本章の結果を追認するものです。

第6節　本章のまとめ

　表6-3から，ベテラン層が意図して用いた【SQ9】［伝え方］と次世代層が認識している【YQ9】［受け取り方］との間には差異が出ており，特に「実践を通した学習」は認識の相違が顕著となっています。ただし，「問いかけ方法」は両者の間での認識の差異が少ないようです。ベテラン層が意図して用いた【SQ9】［伝え方］と次世代層が認識している【YQ9】［受け取り方］について両者の間に認識の差異があった場合でも，表6-4から，経験知は伝えられ，次世代層は自身が必要としていた知は受け取れたと認識しています。表6-5から，経験知を受け渡しする「対話場」として，通常の仕事の中での会話，主にネット機能を用いての会話，個別に機会を設けて会話，という3通りがあり，ほぼ均等に用いられています。表6-8から，知の受け手は，説明に共感する，要点観点の違いから理解する，対話を続ける内に次第に理解する，という方法で経験知を理解しているようです。

　これらのことから問2「経験知の伝え方と受け取り方にはどのような差異があるのか？」については，ベテラン層は多様なコーチングの方法を組み合わせて次世代層に伝えています。ベテラン層が意図して用いた伝え方と次世代層が認識している受け取り方について両者の間に認識の差異があった場合でも，経験知は伝えられ，次世代層は自己が必要としていた知は受け取れたと認識しています。その際，説明に共感する，要点観点の違いから理解する，対話を続ける内に次第に理解する，という方法で経験知を理解しています。

　筆者の感想としては，ベテラン層がコーチング技法を充分に駆使していることに感心しつつ，必要な知を次世代層が得られたのであれば，受け取り方に差異があっても良いのではないかと考えています。また，対話場については両者の認識には差異が無く，文章回答にも関わらず3通りに整理できることと「主にネット」が用いられていることは発見であると考えています。

第7章
学びと行動変容

　本章では世代の異なるベテラン層と次世代層は経験知を移転することでお互いに何らかの学びが得られているのか？　について，その特徴を確認します。本章は以下のような構成となっています。

　1）次世代層が抱えている問題に対してどのような要素の解決に経験知が寄与しているのかについて，前章と同様に，対話場や熟達度が関わっているのかを確認します。
　　・問題解決に寄与する要素と対話場の間の関係
　　・問題解決に寄与する要素と熟達度の間の関係
　2）経験知を受け取ったまたは伝えた結果として次世代層とベテラン層がそれぞれどのような学びを得て行動が変容しているのかを確認します。
　3）次世代層に学びを与えるベテラン層にはどのような存在価値があるのかについて次世代層とベテラン層のそれぞれからの期待を含めた想いを確認します。
　4）さらに，次世代層の学びに寄与できるけれども，形式知化が難しいことから暗黙知となっている経験知を今後はどのように残すべきなのかについて次世代層とベテラン層のそれぞれの考えを確認します。

　これらの結果として，問3「経験知の移転によって次世代層とベテラン層はそれぞれどのような学びを得ているのか？」についての答えを確認します。

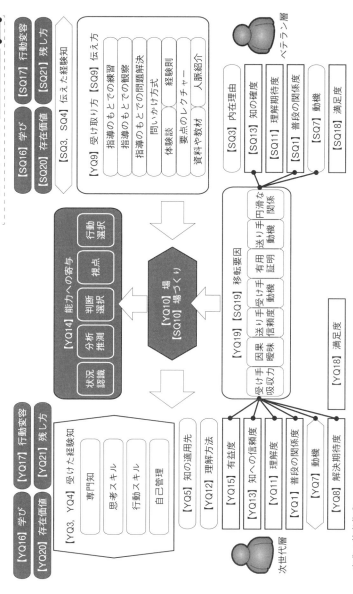

図7-1　次世代層の学びへの貢献に関わる測定項目

出典：筆者作成。

第1節　経験知の寄与と対話場・熟達度との関係

　本節では次世代層が抱えているどのような要素の問題解決に経験知が寄与しているのかを確認します。また，前章と同様に，対話場や熟達度との関係についても確認します。本節では以下の質問項目を用います。なお，対話場については前章第3節で説明済なので略します。

　・次世代層の【YQ14】［経験知の寄与］と【YQ10】［場］
　・次世代層の【YQ14】［経験知の寄与］，【YQ0】［年齢層］，【YP2】［職位］
　・ベテラン層の【SQ10】［場づくり］

1．問題解決への寄与要素

　次世代層が抱える課題解決に対して受け取った経験知が寄与する【YQ14】［経験知の寄与］の選択肢は，第3章第6節「学びと協創」における知の創造プロセスへの寄与や他者からの支援による寄与などを参考に筆者が一般的な表現の文章を設けています（表7-1参照）。

表7-1　問題解決に寄与する要素の選択肢

選択肢	本書の呼称
主に問題の状況認識や解釈に役立った。	状況認識や解釈
主に問題の分析や区別，および原因などの推測をすることに役立った。	分析や原因推測
主に問題解決に向けての視点や考え方を整理することに役立った。	視点や考え方
主に現実的な対策を考える際の判断や行動の選択に役立った。	判断や行動選択
主に具体的にどのように実践したら良いかを考える上で役にたった。	具体的な実践方法
ベテランも知らないことがわかったので次の行動の選択に役立った。	次の行動選択
ベテランの経験知が自分の考え方と同じだったので裏付けが取れた。	裏付けがとれた
ベテランの経験知と自己の経験知から新たなアイデアを思いついた。	表出化
役に立たなかった	役に立たなかった
（別途：文章で回答）	その他

　出典：筆者作成。

全52ケースの【YQ14】［経験知の寄与］と【YQ4】［経験知の種類（補正後）］との関係を表7-2に示します。

表7-2　問題解決への経験知の寄与の内訳

【YQ14】経験知の寄与（複数選択）			【YQ4】経験知の種類（補正後）							
			専門知		思考スキル		行動スキル		自己管理	
選択肢	回答数	%	26		16		10		1	
状況認識や解釈	24/52	46%	13	50%	7	44%	4	40%	0	0%
分析や原因推測	18/52	35%	11	42%	5	31%	2	20%	0	0%
視点や考え方	22/52	42%	12	46%	7	44%	2	20%	1	100%
判断や行動選択	31/52	60%	16	62%	8	50%	7	70%	0	0%
具体的な実践方法	24/52	46%	14	54%	5	31%	5	50%	0	0%
次の行動選択	1/52	2%	0	0%	1	6%	0	0%	0	0%
裏付けがとれた	1/52	2%	0	0%	1	6%	0	0%	0	0%
表出化	6/52	13%	1	4%	3	19%	2	20%	0	0%
役立たなかった	0/52	0%	0	0%	0	0%	0	0%	0	0%
その他	0/52	0%	0	0%	0	0%	0	0%	0	0%

出典：筆者作成。

　問題を抱えている次世代層において，経験知は，分析や原因推測，視点や考え方，判断や行動選択，具体的な実践方法などに寄与していることがわかります。その内，「判断や行動選択」はどの経験知の種類においても62%，50%，70%と高い値となっているようです。なお，【YQ14】［経験知の寄与］と【YQ4】［経験知の種類（補正後）］のクロス集計値からはこれらの項目の間での有為な差異はないようです。

2．寄与要素と対話場との関係

　【YQ14】［経験知の寄与］と対話場（【YQ10】［場］と【SQ10】［場づくり］）との間に何らかの有為差があるのかを確認するため，対話場の観点からクロス集計を示します（表7-3参照）。

表7-3　経験知の寄与と対話場との関係

【YQ14】経験知の寄与	【YQ10】場【SQ10】場づくり									χ^2検定
	通常業務			主にネット			個別対面			
	選択	非選択	計	選択	非選択	計	選択	非選択	計	
状況認識や解釈	11	9	20	9	7	16	4	11	15	0.167
分析や原因推測	10	10		5	11		3	12		0.166
視点や考え方	12	8		2	14		8	7		0.0104*
判断や行動選択	12	8		10	6		9	6		0.972
具体的な実践方法	8	12		10	6		6	9		0.324

注：経験知の寄与で選択数の少ない選択肢は略。作表の都合上，クロス表の縦と横を逆に表記。
出典：筆者作成。

　クロス集計の χ^2 検定で「視点や考え方」は5％有意水準となっています。「個別対面」という対話場での寄与と「主にネット」という対話場では「視点や考え方」への寄与には差異が生じているようです。「視点や考え方」は言葉でも伝えづらいことから，身振りや相手の表情などを直接感じて受け取るものなのかもしれません。

3．寄与要素と熟達度との関係

　前節と同様に，【YQ14】［経験知の寄与］と熟達度（【YQ0】［年齢層］と【YP2】［職位］）との間に何らかの有為差があるのか，クロス集計表を示します（表7-4参照）。

表7-4　経験知の寄与と熟達度との関係

【YQ14】経験知の寄与	若手層（34歳以下）			中堅層（一般社員）（35歳以上）			中堅層（幹部社員）（35歳以上）			χ^2検定
選択肢	選択	非選択	計	選択	非選択	計	選択	非選択	計	
状況認識や解釈	2	10	12	11	7	18	11	11	22	0.051
分析や原因推測	1	11		6	12		11	11		0.050*
視点や考え方	5	7		8	10		9	13		0.974
判断や行動選択	6	6		12	6		13	9		0.659
具体的な実践方法	6	6		11	7		7	15		0.173

注：クロス表の縦と横を逆に表記。SPSS Statistics バージョン26使用。
出典：筆者作成。

【YQ14】［経験知の寄与］の中で，「状況認識や解釈」，「分析や原因推測」がそれぞれ 0.051，0.050 とほぼ 5 ％有意水準となっています（厳密には前者は5 ％有為境界ですが）。知の寄与のこれら 2 項目については若手層が少ないようです。つまり，この 2 つの寄与要素は熟達度段階および職位によって異なっていることがわかります。このことから「適用的熟達化」に至るまでには入社後約 10 年かかることに該当する要素であることが読み取れます。

本節のまとめ

　表 7-3 から，問題解決に対する経験知の寄与の観点で，「視点や考え方」については「個別対面」という対話場は特に効果的であると考えられます。表 7-4 から，問題解決に対する経験知の寄与の観点で，「分析や原因推測」と「状況認識や解釈」については熟達度段階と関係が有ると考えられます。このことから「適用的熟達化」に至るまでには入社後約 10 年かかることが読み取れます。

　前章の【YQ12】［理解方法］を含めて，【YQ14】［経験知の寄与］と対話場や熟達度との関係を図 7-2 に示します。

図 7-2　理解方法・寄与における場と熟達度による有意差

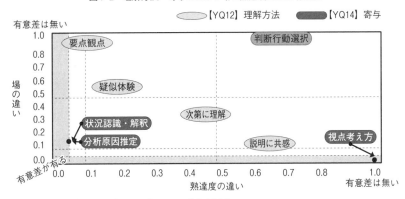

注：表 6-9，表 6-10，表 7-3，表 7-4 の χ² 値を図化。
出典：筆者作成。

　縦軸は寄与要素と対話場の違いについての熟達度のクロス集計の χ² 検定の

値（表7-3），横軸は寄与要素と熟達度の違いについての熟達度のクロス集計の χ^2 検定の値（表7-4）としています。数値が0.05以下は5％有為水準を示しています。どのような問題の解決に寄与するのかを予め想定できるのであれば，ベテラン層は対話場や次世代層の熟達度を意識しながら使い分けるのが良さそうです。

第2節　学びと行動変容

　本節では経験知を受け取ったまたは伝えた結果として次世代層とベテラン層がそれぞれどのような学びを得ているのか，さらに行動変容しているのかについて確認します。本節では以下の質問項目を用います。

　　・次世代層の【YQ16】［学び］と【YQ17】［行動変容］
　　・ベテラン層の【SQ16】［学び］と【SQ17】［行動変容］

　いずれも特に先入観をもたず個人ごとの率直な意見を述べてもらうためフリーな文章回答としています。【YQ16】［学び］は，経験知を聞いて自身の気づきとなったことはありますか？　【SQ16】［学び］は，経験知を伝えて自身の気づきとなったことはありますか？　と質問しています。経験知を伝えた直後に何を「学んだのか」を質問するものです。【YQ17】［行動変容］と【SQ17】［行動変容］は，その気づきによって自身の行動や考え方は変わりましたか？と両者に同じ質問文としています。学んでから一定期間を過ぎた後の「行動変容」を質問するものです。

　　注：いずれの質問も文章が的確ではなく，また説明も不足していたと思われることから，［学び］も
　　　　［行動変容］も回答者によって両者混在・逆の解釈・無回答が目立つ結果になっています。ま
　　　　た，いつの時点かという質問設定で不十分となっています。このような点に留意して分析に用
　　　　いています。

1．次世代層の学びと行動変容

　次世代層からの【YQ16】［学び］と【YQ17】［行動変容］は文章回答としています。多様な内容となっていますが，【YQ16】［学び］では経験知の種類

をより深く理解した，【YQ17】［行動変容］では具体的に実践できるように
なった，と読み取れる回答があります。そこで［経験知の種類］を用いて筆者
の判断でカテゴライズした表をそれぞれ表7-5，表7-6に示します。

表7-5　次世代層の学び

カテゴリ	回答数		主な回答
専門知	12	31%	・過去からの課題や経緯を理解したのでそれを踏まえた施策を考えられるようになった。 ・ビジネスや開発のプロセスのノウハウやモデルを学んだ。 ・わかりやすい資料の書き方を学んだ。
思考スキル	4	10%	・自分と相手のどちらも満足するような考え方を大事にしている。 ・スキル有る先輩のノウハウを学べたのでこれを引き継いで次世代に伝えようと思った。 ・それぞれがどのような視点で考えているのかを理解した。
行動スキル	10	26%	・メンバ特性を捉えた上でのコミュニケーションの取り方やつきあい方を学んだ。 ・ベテランは人を説得するスキルに長けていると気づいた。 ・お客様対応について自分なりに咀嚼して取り込んだ。
自己管理	2	5%	・心構えを教えてもらい自己の根幹を有するに至った。
その他	2	5%	・学んだことを後輩に伝えてゆきたい。
（回答無）	9	23%	記載なし，感想，または具体的な内容の記載が無い。

39名

出典：筆者作成。

表7-6　次世代層の行動変容

カテゴリ	回答数		主な回答
専門知	6	15%	・資料を作成する上で内容の流れを気にしながら作成している。
思考スキル	5	13%	・いろいろな立場からの視点は考えるようになった。 ・常に相手のミッションを意識するようになった。
行動スキル	12	31%	・より適切な対応ができるようになってきている。 ・相手がどう受け取るかを考えて行動するようになっている。 ・（ベテラン層の）マネをするようになった。 ・考え方や行動が活かせていて後輩の指導にも活用できた。
内省	4	10%	・時々見返して反省している。常に考慮して取り組んでいる。
次世代指導	2	5%	・後輩に伝えるために将来に備えて形式知化して残すようにした。
（回答無）	11	28%	記載なし，感想，または具体的な内容の記載が無い。

39名

注：質問文がYes/No形式の文章であったため具体的な記載が少なくなっている。
出典：筆者作成。

　2つの表からは「行動スキル」が多いことがわかります。「行動スキル」の数が表5-1「経験知の種類とケース数」の数値と比較してみると（ケース数と回答者数の比較や無回答の扱いなど単純比較にはなりませんが），専門知はケース数では50％（26ケース）なのに，個人ごとの学びとして専門知は31％（10名），行動変容では専門知は15％（6名）となっています。思考スキルは29％（15ケース）がそれぞれ10％（4名）と13％（5名），行動スキルは19％（10ケース）がそれぞれ26％（10名）と31％（12名）となっています。専門知と行動スキルの比率は5：2であったのに対し，表7-5「次世代層の学び」では1：1，表7-6「次世代層の行動変容」では1：2と逆転しています。

　受け取った経験知の種類から，学びや行動変容に繋がった経験知の種類がどのように変化しているのかを筆者の判断で推察します（表7-7参照）。

・【YQ16】［学び］と【YQ17】［行動変容］は個人ごとの回答項目であるのでケースごとに置き換える。そのためケースごとの【YQ4】［経験知の種類（補正後）］と【YQ3】［経験知］の内容を読み込んで，学びと行動変容を推察する。
・【YQ16】［学び］と【YQ17】［行動変容］が異なっている場合は後者の【YQ17】［行動変容］を優先する。
・たとえば，ケース1は思考スキルを受けているが，結果としてY01は専門知をより深く理解している，と推察する。

　表5-1「経験知の種類とケース数」では専門知：思考スキル：行動スキルが50％（26ケース）：29％（15ケース）：19％（10ケース）ですが，表7-7では21％（11ケース）：13％（7ケース）：42％（22ケース）となっています。次世代層が専門知をベテラン層に尋ねることで，具体的な問題解決への【YQ14】［経験知の寄与］によって，実際に実践するスキルを学んだという「行動変容」が顕著となっているようです。

表 7-7　次世代層が受けた経験知とその後の行動変容

受け取った経験知		その後の変化（【YQ16】［学び］または【YQ17］［行動変容］）					
表 5-1	数	専門知	思考スキル	行動スキル	自己管理	他	不明
専門知	26	14, 26, 27, 29, 31, 45	13, 18, 41 52	7, 16, 23, 25, 34, 36, 38, 39, 46, 51	3, 4	30	8, 21, 47
思考スキル	15	1, 19, 20, 28	5	10, 32, 33, 35, 43, 44, 50		12	17, 22
行動スキル	10	2	6, 40	15, 24, 37, 49			9, 11, 42
自己管理	1			48			
ケース計	52	11（21%）	7（13%）	22（42%）	2（4%）	2（4%）	8（15%）

注：数字はケース番号。不明は回答無しや具体的な回答が無いもの。
出典：筆者作成。

　表 3-3「実践知とスキルの適用度」においては，シニア層からの自由意見で「行動スキル（ヒューマンスキル）は伝えられるものではないのでは？」という疑問が投げかけられ，移転必要度は他の項目に比して低い値となっていますが，表 7-7 からは，知の移転を通して次世代層が行動スキルを自ら学んでいる様子が確認できます。シニア層からの自由意見を裏付ける結果であり，行動スキルは伝えるものではなく自ら学ぶものであることがわかります。

2．ベテラン層の学びと行動変容
　経験知を伝えたことによるベテラン層の【SQ16】［学び］と【SQ17】［行動変容］も，同様に経験知の種類でカテゴリしています（表 7-8 および表 7-9 参照）。
　ベテラン層【SQ16】［学び］では，説明の難しさを再認識し，社内 SNS によるコミュニケーションツールが習得できたことを挙げています。説明する方法やスキルの学び直しまたはアップデートに繋がっているようです。【SQ17】［行動変容］では，次世代層と接するための対人スキル（行動スキル）の習得を実践しているようです。どちらも次世代層が熟達化するためにベテラン層としてより寄与する方向を目指しており，次世代層が抱えている課題に対する"知の創造"には直接は関わっていないことが読み取れます。

表 7-8　ベテラン層の学び

カテゴリ	回答数	主な回答（詳細は付録 2.9 参照）
説明の難しさ	4	・次世代層のスキルレベルが低いことを前提に対応する必要がある。 ・なぜと聞かれると自分でも理解できていないところがある。 ・説明することの難しさに気づいた。
スキルアップデート	3	・次世代層が対応しているお客様やプロジェクト状況を理解できた。 ・次世代層が用いているツールを習得しノウハウが共有しやすくなった。 ・対話や傾聴を実践できるスキルが得られた。
その他	2	・自分の考えが原理原則に沿っていることに改めて気づいた。
回答無し	2	

11 名

出典：筆者作成。

表 7-9　ベテラン層の行動変容

カテゴリ	回答数	主な回答（詳細は付録 2.9 参照）
行動スキル（対人スキル）	7	・次世代層のレベルに合わせて説明するよう心がけている。 ・論理的な説明・説得ではなく心情を考慮するよう実践中。 ・次世代とより近い関係で接することである。 ・提供する情報から自ら考えさせることを心掛けている。
その他	2	・個々の技術に関する解釈は現場の反応で絶えず変化していると感じた。 ・ナレッジの残し方を常に考えるようになった。
回答無し	2	

11 名

出典：筆者作成。

本節のまとめ

　表 7-7 から，次世代層は受け取った経験知を活かして，主に実践するための行動スキルを変容させています。これに対してベテラン層は，経験知を伝えることの難しさを再認識しながら（表 7-8），次世代層の熟達化を図るために，次世代層と接するための自らの対人スキル（行動スキル）を変容させようとしています（表 7-9）。これらは両者のスキルアップに該当するものです。

第3節　ベテラン層の存在価値

　本節では次世代層に学びを与えるベテラン層にはどのような存在価値があるのかについて，次世代層とベテラン層のそれぞれの考えを確認します。本節では以下の質問項目を用います。

　・次世代層から見たベテラン層の【YQ20】［存在価値］
　・ベテラン層が自ら考えるベテラン層の【SQ20】［存在価値］

　いずれも先入観をもたず個人ごとの率直な意見を述べてもらうためフリーな文章回答としています。また，次世代層とベテラン層とでは価値が異なると考えられますので，次世代層に対してはベテランの存在価値を対象とし，ベテラン層に対しては企業内における自身の存在価値を質問しています。
　次世代層に対しては，経験知を有するベテランはどのような存在価値が有りますか？　ベテラン層に対しては，ベテラン層は企業においてどのような存在価値が有りますか？　と質問しています。無回答を除く次世代層34名，ベテラン層11名からそれぞれ長文の回答が寄せられていますので，それを事柄ごとに分解し，他の質問項目と同様な感想を除いた上で，次世代層から26件，ベテラン層から14件，計40件を抽出し，筆者の判断で，「ベテランの特徴」を述べているもの，ベテラン層が「保有する知」の特徴，ベテラン層に対する「必要条件」，ベテラン層が果たすべき「次世代層への寄与」，「企業内における存在価値」というカテゴライズ化しています（表7-10参照）。
　「ベテランの特徴」と「保有する知」についての回答は価値に関する内容ではなく前章までと重複しているので省略しています。ただし，時代に関係なく普遍的な知や経験則があるはずでそれを伝えてほしいが単なる過去の話ばかりする人は弊害である，という意見も寄せられている点に留意する必要が有りそうです。

表7-10　ベテランの存在価値

カテゴリ	件数	内訳		主な回答
		次世代	ベテラン	
ベテランの特徴	3	3	0	(前章までと重複している内容であり，価値に関わる内容ではないため略)
保有する知	8	8	0	(前章までと重複している内容であり，価値に関わる内容ではないため略)
次世代への寄与	12	8	4	・自身を振り返る際の鏡の役目。困ったときに相談にのってくれる。 ・偏った思考や狭い視野の補正や新たな着眼点をもたらしてくれる（他類似4件）。 ・頻度は非常に少ないが，自分の生き方にまで影響する価値がある。 ・経験のない担当者に対して試行錯誤しながら指導していく事は重要。
企業内存在価値	9	0	9	・シニアが居なくても企業はそれなりに回るが，会社組織がサステナブルに動くためのノウハウの継承が不足し，大きなプロジェクトの失敗が多くなり，リスクが増加する。（他類似3件） ・1人が経験できる範囲は限りがあり，ベテランはそれを補える。 ・マニュアルでは伝えられない業務の遂行力を伝承できる。 ・会社のパーパス（企業理念）と実践との連携を翻訳する。
必要条件	8	7	1	・自らフロントに出てやって見せることで存在価値がある。 ・どのベテランがどのような経験知を持つのか，直ぐにはわからない。 ・現実的には次世代層とベテランのマッチングが難しい。 ・信頼関係が無いと聞きにくい部分もある。 ・「学び直し」というよりも知識やスキルは「アップデート」が必要。 ・第三者を相手にするならメンタリングスキルも必要。
	40	26	14	

出典：筆者作成。

　「次世代への寄与」は次世代層が期待するベテランの存在価値です。この観点では「偏った思考や狭い視野の補正や新たな着眼点をもたらしてくれる」と類似する回答が5件となっていることから，振り返りによって内省を促して視野を広める存在であることがわかります。これは熟達化に役立つとされる上位

者からの内省支援に該当するものと考えられます。

　「企業内存在価値」はベテラン層が自ら意識している存在価値です。この観点では，失敗などのリスク軽減に寄与することが4件，現役世代を補完するなど事業継続性の観点で労働戦力として役立つ存在であるとなっています。ただし，ベテラン層からの回答のみであるため，ベテラン層自身が自らそのように考えているだけであって，次世代層が同様な考えを有しているのかは不明です。

　「必要条件」はベテラン層として企業内で存在価値を示すための必要条件であってほとんどが次世代層から指摘されています。この観点では，どのベテランがどのような経験知を有するのかわかるようにする，役割の明確化など，信頼関係の構築やマッチングの難しさが指摘されています。また，学び直しや学習棄却ではなく，有する専門領域の知識を今の時代に追随するようスキルをアップデートすることが求められており，ベテラン層は，知らない技術が出現してきても，自己の専門分野の関連技術に絞って今の時代に合わせてさらに深掘りすれば良いことを指摘しています。なお，「必要条件」は知の移転を促進する要因でもあるため次章でも言及します。

本節のまとめ

　ベテラン層は振り返りによって次世代層に内省を促して視野を広げる存在であり，企業に対しては失敗リスクの軽減による企業業績の悪化防止に貢献する存在と考えられています。ただし，いくつかの必要条件や弊害も次世代層からは指摘されている点に留意する必要があります。

第4節　ベテラン経験知の残し方

　本節では次世代層の学びに寄与できるけれども，形式知化が難しいことからベテラン層の個人知としてなったまま組織的には暗黙知となっている経験知を今後はどのように残すべきなのかについて次世代層とベテラン層のそれぞれの考えを確認します。本節では以下の質問項目を用います。

・次世代層が考える【YQ21】［経験知の残し方］
・ベテラン層が考える【SQ21】［経験知の残し方］

　両者に対する質問文は，今後はどのようにしたらベテラン経験知を次世代者が受け取りやすくなると思いますか？　という同じ質問としています。いずれも先入観をもたず自由な回答を期待してフリーな文章回答としています。

　無回答を除く次世代層 34 名，ベテラン層 11 名からそれぞれ長文の回答が寄せられています。それを分解し，他の質問項目と同様な回答を除くなどして，次世代層 31 件，ベテラン層から 16 件，計 47 件を筆者の判断でいくつかにカテゴライズ化したものを表 7-11 に示します。

・「メンタリング」は社内で部分的に傅（もり）役と称する認知的徒弟制の試行や類似する機会が設けられていることもあり一定の期待は存在しているようです。ただし，メンタリング関係にある当人同士の間でのみ知の受け取りが可能ですが，高いメンタリングスキルも必要です。また，メンタリングでは知を伝えることは次世代層当人の為にあえて行わず，傾聴などを中心にしているというベテラン層もおり，知の移転を目的としているものでは無さそうです。
・「制度や役割」はベテラン層の役割やキャリアパスがまだまだ定まっていないことを示しています。ベテラン層に対しては次世代層育成をミッションとして与えてはいますが，役割や評価の観点での明確化やこれらの職場への周知などが必要なことが読み取れます。制度やルールも試行錯誤で逐次改訂されている現状を示しています。
・「こまめな会話」は気軽に相談できるようにする，一緒に仕事する中での何気ない会話をする，などが示されています。また，それを相談窓口として常設することなども提案されています。
・「社内 SNS」は，すでに一般的に利用できる環境が整っていることから，組織横断的に知を共有する環境としての期待もありますが，対面ではないことに対しての懸念も表明されています。
・「知の表出化」ではできる範囲で形式知化が望まれています。その形式知

を対面方式のレビューやメンタリングなどでコンテキストを補うことも求められており，すべてを形式知化できる訳ではなく，次世代層から相談する際に，どのベテランがどのような知を有しているかを知るための入り口と考えられていることが分かります。そして，オンデマンドで知を得たいという傾向が読み取れます。

これらは知の移転を促進する要因でもあることから次章でも言及します。

表7-11　ベテラン経験知の残し方

カテゴリ	件数	内訳		主な回答
		次世代	ベテラン	
メンタリング	5	3	2	・定期的，強制的，徒弟制度，などのメンタリングならば確実に継承出来る。
こまめな会話	8	5	3	・次世代に声をかけ，状況を引き出し，アドバイスして頂きたい。 ・次世代が何でも気軽に質問，相談しに行ける雰囲気が最も重要。 ・無駄と思われる会話も出来るような上司の職場の雰囲気作り。
社内SNS	4	2	2	・どのベテランがどんな知識を持っているかSNSなどは良い。 ・ベテラン知恵袋など質問できるSNSや相談窓口を開設する。 ・サイバー空間で実践知が伝わるか疑問。サイバー・フィジカルの場を上手く回す仕組みが必要。
相談窓口	10	7	3	・ベテラン知識を見える化し事項ごとに相談窓口を作る。類似4件。 ・ベテランナレッジの種類を特定し，それを皆に開示しいつでも受け付けられるようにしておく。優先するものを形式知化する。 ・思考プロセスは有効。知恵袋，相談窓口はよいかも。
制度や役割	7	5	2	・経験知を持つ側と，欲する側のマッチングをできる仕組み。対話を繰り返せば何が役に立つのか分かってくるはず。 ・年齢に関わらず「現役」。その中から受け取る方が価値がある。 ・定年後はアドバイスだけでなく，実作業もカバーし次世代を支援できるよう体制や役割分担，作業分担を定年前からしておく。 ・ベテラン内で常に後任者を作ってもらう。
知の表出化	13	9	4	・気付きにくいポイントやべからず集的なものの形式知化。 ・形式知化できない所はレビュー会やメンタリングなどで補完。 ・現代にマッチするようなカストマイズ（過去の話は良くない）。 ・次世代とその情報を共有及び更新していく仕組みを作り，カテゴライズしてアクセスしやすくする。 ・欲しいと思ったときに受け取れる形で形式知化して渡すべき。

47　31　　16

出典：筆者作成。

本節のまとめ

　一部では形式知化への期待もありますが，大半はベテラン層に対して必要な時にオンデマンドで相談できるようにしてほしい，ということがうかがえます。これまではその様な時間が取れなかったが，役職定年や雇用期間の延長でそのような対応策が可能になってきたという背景もあります。多様な意見からこれらを複数組み合わせていくつかの方法を選択できるようにすることが必要と考えられます。特に，形式知化であってもコンテキストやその人の思いや信念が伝わるような暗黙知の表出化方法も引き続き検討が必要と考えられます。

第5節　本章のまとめ

　表7-3から，問題解決に対する経験知の寄与の観点で，「視点や考え方」については「個別対面」という対話場は特に効果的であると考えられます。表7-4から，問題解決に対する経験知の寄与の観点で，「分析や原因推測」と「状況認識や解釈」については熟達度段階と関係が有ると考えられます。このことから「適用的熟達化」に至るまでには入社後約10年かかることが読み取れます。表7-7から，次世代層は受け取った経験知を活かして，主に実践するための行動スキルを変容させています。これに対してベテラン層は，経験知を伝えることの難しさを再認識しながら（表7-8），次世代層の熟達化を図るために，次世代層と接するための自らの対人スキル（行動スキル）を変容させようとしています（表7-9）。これらは両者のスキルアップに該当するものです。ベテラン層は振り返りによって次世代層に内省を促して視野を広げる存在であり，企業に対しては失敗リスクの軽減による企業業績の悪化防止に貢献する存在と考えられています。ただし，いくつかの必要条件や弊害も次世代層からは指摘されている点に留意する必要があります。一部では形式知化への期待もありますが，大半はベテラン層に対して必要な時にオンデマンドで相談できるようにしてほしい，ということがうかがえます。これまではその様な時間が取れなかったが，役職定年や雇用期間の延長でそのような対応策が可能になってきたという背景もあります。多様な意見が存在していることからこれらを複数組み合わせていくつかの方法を選択できるようにすることが必要と考えられます。

特に，形式知化であってもコンテキストやその人の思いや信念が伝わるような暗黙知の表出化方法も引き続き検討が必要と考えられます。

　これらのことから，問3「経験知の移転によって次世代層とベテラン層はそれぞれどのような学びを得ているのか？」については，ベテラン層が有する経験知は，個別対面という対話場においては特に「視点や考え方」に寄与し，熟達度第3段階の次世代層に対しては特に問題解決に向けた「分析や原因推測」「状況認識や解釈」には寄与しています。次世代層はこのような学びを通して具体的に実践するための自らの行動スキルを変容させています。また，ベテラン層は企業に対しては失敗リスクの軽減による企業業績の悪化防止に貢献する存在であると意識しつつ，次世代層と向き合うための行動スキルを学び直しています。

　筆者の感想としては，対話場と熟達度によって寄与する要素に有為な差が生じていることは，経験知を移転させる際の使い分けの留意点であると考えられます。また，表3-3における実践知とスキルの適用調査からは「ヒューマンスキルは伝えられるスキルではないのでは？」という疑問が投げかけられていますが，次世代層が自ら行動スキルを変容させていることから行動スキルを意図して伝える必要は無いことが確認できます。

第8章

経験知移転の要因

　本章では経験知の移転による次世代層の学びを効果的・効率的に促進（または阻害）する要因は何か？　について確認します。本章は次のような構成となっています。

1）ケースごとの促進（または阻害）要因項目に対するベテラン層と次世代層の両者の評価尺度とその相関を確認します。

2）ケースごととは別に，個人としてどの要因が促進（または阻害）する要因であると考えているのかをベテラン層と次世代層に質問しています。各要因の選択率は平均値と見立てられるので，各項目間に有為な平均値の差異が存在しているのかを確認します。もし差異があれば重要な促進（または阻害）要因と考えられます。

3）経験知を受け取ったまたは伝えたことで次世代層とベテラン層はそれぞれ結果として満足しているのかを確認します。

4）前章のベテラン層の存在価値についての質問回答の中にもベテラン層に対する必要条件の指摘が含まれています。これも促進（または阻害）する要因の1つと考えられます。

5）上記の結果に対して，伝える側のベテラン層がどの程度賛同できると思ったのかという見解を確認します。

　これらの結果として，問4「ベテラン層と次世代層が知の協創をするために必要となる条件（または障壁）は何か？」についての答えを確認します。

145

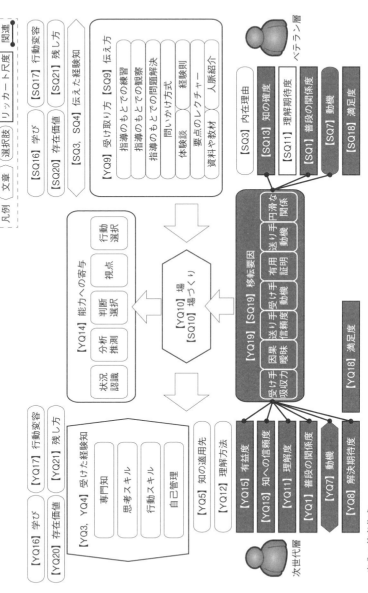

図 8-1 経験知移転の条件に関わる測定項目

出典：筆者作成。

第1節　経験知の移転ケースにおける要因

　Szulanski（2000）が示している表3-8「組織内知識移転の阻害要因」を基
に，ケースごとにどの程度そう思うかを質問しています。本節では以下の質問
項目を用います。

- ・次世代層から見た【YQ1】［普段の関係］（表4-8参照）
- ・次世代層の【YQ7】［動機］（表5-4参照）
- ・次世代層の【YQ8】［解決期待度］
- ・次世代層の【YQ11】［理解度］（表6-4参照）
- ・次世代層から見た経験知への【YQ13】［知の信用度］（表5-6参照）
- ・次世代層から見た経験知の【YQ15】［知の有益度］（表5-7参照）
- ・ベテラン層から見た【SQ1】［普段の関係］（表4-8参照）
- ・ベテラン層の【YQ7】［動機］（モチベーション）
- ・ベテラン層自身の経験知に対する【SQ13】［知の確度］（表5-6参照）

1．次世代層の動機（モチベーション）

　文章形式で自由記入の【YQ7】［動機］（表5-4参照）では，自身の考えを裏
付けしてほしい，相談できる相手が近くにいる，という回答となっています。
次世代層が経験知を期待していることはわかります。このような動機に対し
て，経験知が問題解決に役立ちそうかという期待を5段階尺度の【YQ8】［解
決期待度］で確認しています（表8-1参照）。いずれも「ある程度役にたちそ
う」以上の期待を持っていることがわかります。

表8-1　解決期待度（ケースごと）

選択肢	次世代層【YQ8】解決期待			
	全52ケース		ペア回答29ケース	
5　貴重な経験知が期待できそう	28	53.8%	17	58.6%
4　ある程度役に立ちそう	15	28.8%	7	24.1%
3　何か得られればと思った	7	13.5%	5	17.2%
2　どの程度の回答が得られるかわからないが	1	1.9%	0	
1　期待はしていなかった	0		0	
0　わからない判断できない	1	1.9%	0	

出典：筆者作成。

2．ベテランの動機（モチベーション）

　ベテラン層の動機はある程度筆者の経験から想定可能であるため，【SQ7】［動機］は選択肢方式としています（表8-2参照）。

　選択肢の中で3項目が同数で並んでいます。経験知を伝えることに対する意義と，次世代層育成という意識が一定程度存在しているようです。ただし，高くても4割程度となっており，次世代層の動機は比較的高い傾向があるのに比べて，ベテラン層の動機は多様なようです。

　なお，表8-2は個々のケースにおいて，次世代層から経験知を聞かれた時点での気持ちを示すものですが，個人としての動機の背景については第9章第2節振る舞いの変化で確認することにします。

表8-2　経験知を伝えるベテラン層の動機（複数選択）

選択肢	ペア回答29ケース	率
仕事だから，尋ねられたから	8/29	27.6%
自己の経験知を伝えたいと思ったから	12/29	41.4%
何らかの参考になればと思ったから	12/29	41.4%
人材育成はベテランの役目だから	12/29	41.4%
その他	3/29	10.3%

　注：「その他」は，コミュニティ活動の中で訪ねられたから，というもの。
　　　複数選択であり平均1.6個選択。
　出典：筆者作成。

3．段階評価による阻害度

　促進（または阻害）に関わると思われる要因を，表3-8の「組織内知識移転の阻害要因」（Szulanski, 2000）の阻害要因を基に，ケースごとに5段階の尺度を質問する項目を入れています。信頼関係のあるベテランへ経験知を尋ねるケースであることから「組織的な不毛性」と，時間的経過を測定できないため「受け手の保持能力」は除外しています。

　各項目の尺度の選択数を表8-3に示します。均等な尺度とは言い切れないため，平均値はあくまで参考ですが，いずれの項目も高い値となっていますので，いずれの要因も阻害要因とはなっていないようです。これは相互信頼関係にある経験知の移転ケースを測定しているからであると考えられます。なお，次世代層全52ケース，ペア回答29ケースにおいて質問項目間の強い相関はありません。

表8-3　経験知を移転するケースの要因

	要因	質問項目		全52ケース 平均値（参考）	ペア回答29ケース					
					尺度の選択数					
						5	4	3	2	1
1	不明瞭な因果関係	YQ15	有益度	4.62	4.59	21	7	0	1	0
2	実証性の欠如	YQ13	知の信用度	4.58	4.45	18	6	5	0	0
		SQ13	知の確度	—	3.38	4	9	11	4	1
3	送り手の動機の欠如	SQ7	動機	表8-2（役目だから，訪ねられたから）						
4	送り手信頼性の欠如	YQ1	普段の関係	4.71	4.76	24	4	0	1	0
5	受け手の動機の欠如	YQ7	動機	表5-4（自己の考えの裏付け，など）						
		YQ8	解決期待度	4.36	4.41	17	7	5	0	0
6	受け手の吸収能力	YQ11	理解度	4.32	4.34	11	15	3	0	0
7	受け手の保持能力	—	時間的経過を測定できないため除外							
8	組織的な不毛性	—	信頼関係のあるベテランへ尋ねるケースであるため除外							
9	円滑な関係性の欠如	SQ1	普段の関係	—	4.66	19	10	0	0	0

　注：数値は促進度を示します（評価5は阻害度が低い，評価1は阻害度が高い，と解釈）。
　　　尺度の間隔は均等とまでは言えないので参考としての平均値です。
　　　Szulanski（2000）は阻害要因であるが，本書においては促進をテーマにしていることから表3-8における内平（2010）の和訳とも異なっています。
　出典：筆者作成。

3．本節のまとめ

　表8-3からは，促進（または阻害）要因はいずれも高い値（つまり阻害度は低い）となっており経験知の移転においては大きな阻害要因ではありません。相互信頼関係を前提として，次世代層から経験知を尋ねられた場合においては，これらの要因は障壁的な阻害要因にはならないことがわかります。

　ただし，どの要因がどのように関係しているのかまでは明らかになっていません。そこで，次節において，経験知の移転をした後の個人ごとの促進（または阻害）要因の認識を確認することにします。

第2節　次世代層とベテラン層の個人ごとの要因認識

　前節のとおり，次世代層がベテラン層から経験知を受け取るケースにおいて，各ケースの質問項目からは促進（または阻害）要因の関係を明らかにすることはできていません。もう1つの方法として，次世代層とベテラン層の両者に対して個人としてどの要因が促進（または阻害）する要因であると考えているのかを質問しています。本節では以下の質問項目を用います。

　・次世代層が受け取る際の【YQ19】［移転要因］
　・ベテラン層が伝える際の【SQ19】［移転要因］

1．経験知の移転要因の個人ごとの認識

　【YQ19】［移転要因］と【SQ19】［移転要因］選択肢を表8-4に示します。いずれの選択肢も表現は阻害要因となる否定形ではなく，何が重要であるかという肯定形の表現に変えています。

　個人としてどの要因が重要と考えるか複数個選択してもらっています（表8-5参照）。次世代層は，無回答4名を除くと，全ケースでは35名，ペア回答ケースでは16名となります。ベテラン層11名から回答を得ていますが，移転要因は組み合わせ相手次第でもあるので異なる相手の次世代層に対する回答2件も有効とし11名延べ13人となります。

　次世代層とベテラン層ともに選択肢4「お互いの信頼関係」が8割を超えて

いますが，この値は他の項目と比較して高い値と言えるのでしょうか？　また，選択肢8「組織からの支援」は1割前後となっています。この2つ項目は他の項目に比べて差異があるようです。

表8-4　経験知の移転要因の選択肢

次世代層が受け取る際の【YQ19】移転要因の選択肢	本書の呼称	ベテラン層が伝える際の【SQ19】移転要因の選択肢
自分が抱えている問題の解決にベテランの経験知が繋がることを説明してくれること。	不明瞭な因果関係	次世代が抱えている問題の解決に自分の経験知が繋がることを説明すること。
経験知の効果を示す過去のエビデンスをベテランが提示（口頭でも納得できる説明を）してくれること。	実証性の欠如	自分の経験知のエビデンスを見せて確証を示すこと（口頭であっても上手く説明すること）。
ベテランの動機や意欲や態度。	送り手のモチベーション	自分のモチベーション。
自分とベテランとの普段からの信頼関係。	お互いの信頼関係	自分と次世代者との普段からの信頼関係。
自分がベテランの経験知に期待する度合い・必要度。	受け手のモチベーション	次世代者がベテランの経験知を必要とする動機・期待度・姿勢の度合い。
ベテランの経験知を今の現実問題に当てはめて理解する自分の理解（類推）能力。	受け手の吸収能力	次世代者のナレッジ吸収能力（暗黙知を類推する能力，理解力，など）の高さ。
理解した経験知を実際の問題に適応する自分の応用力。	受け手の保持能力	吸収したはずのナレッジを次世代者が維持する能力や応用力の高さ。
組織などからの環境的な支援の有無。	組織からの支援	組織などからの環境的な支援の有無。

注：「本書の呼称」欄は表3-8「組織内知識移転の阻害要因」の要因呼称を一部読み替え。
　　「お互いの信頼関係」は「送り手信頼性の欠如」と「受け手に対する信頼度」を含む。
　　「円滑な関係性の欠如」は本書では不要と考え除外。
出典：筆者作成。

表 8-5　経験知の移転の要因（複数選択）

次世代層【YQ19】移転要因				選択肢	ベテラン層【SQ19】移転要因	
35 名		内，ペア回答 16 名		（本書の呼称）	ペア回答 13 人	
12/35	34%	6/16	38%	1　不明瞭な因果関係	5/13	39%
12/35	34%	4/16	25%	2　実証性の欠如	3/13	23%
10/35	29%	5/16	31%	3　送り手のモチベーション	4/13	31%
29/35	83%	14/16	88%	4　お互いの信頼関係	9/13	69%
12/35	34%	5/16	31%	5　受け手のモチベーション	5/13	39%
14/35	40%	7/16	44%	6　受け手の吸収能力	5/13	39%
11/35	31%	7/16	44%	7　受け手の保持能力	4/13	31%
3/35	9%	2/16	13%	8　組織からの支援	2/13	15%

注：次世代層は個人ごとの回答「名」数，次世代層無回答 4 名を除く。
　　ベテラン層は対となる異なる次世代層に対する 2 件を含む「人」数。
出典：筆者作成。

2．重要な移転要因

　選択肢 4「お互いの信頼関係」と選択肢 8「組織からの支援」の値は他の項目と比較して高い／低い値であると言えるのでしょうか。数値は各人による複数個を選択するという質問項目の選択率であるため，選択率は各項目における平均値と見立てることが可能です。平均値なので，分散分析法（一元配置，対応有り）を用いて平均値の差の検定を行えば，これらの 2 つの項目が他の項目と比較して有為な差異があるか否かを判断することが可能と考えられます。そこで，次のような仮説を設けています。

　帰無仮説：すべての平均値は等しい。
　対立仮説：すべての平均値は等しく無い。

　選択肢 1 から 8 までと，選択肢 1 から 7 までの 2 通りについて，次世代層 35 名の場合と，次世代層 35 名とベテラン層 13 人を合わせた場合の，選択肢 4「お互いの信頼関係」を含む場合と含まない場合，延べ 8 通りの条件を設けています。これらの有意確率を表 8-6 に示します。

表 8-6　各要因の選択率の平均値検定

範囲	条件			有意確率	備考
次世代層 35 名	選択肢 8 を含む	8 個の選択肢の平均値の検定	1	0.039*	5％有意水準
		選択肢 4 を除いた 7 個目場合	2	0.057	
	選択肢 8 を含まない	7 個の選択肢の平均値の検定	3	0.164	
		選択肢 4 を除いた 6 個の場合	4	0.356	
次世代層 35 名とベテラン層 13 人	選択肢 8 を含む	8 個の選択肢の平均値の検定	5	0.021*	5％有意水準
		選択肢 4 を除いた 7 個の場合	6	0.086	
	選択肢 8 を含まない	7 個の選択肢の平均値の検定	7	0.032*	5％有意水準
		選択肢 4 を除いた 6 個の場合	8	0.156	
		選択肢 4 を除いた 6 個の場合	8	0.156	

注：SPSS Statistics バージョン 28 使用。
出典：筆者作成。

選択肢 4「お互いの信頼関係」が含まれている場合は条件 1, 5, 7 の 3 通りにおいて 95％信頼区間で有意となっています。それに対して，4 番目選択肢 4 を外した場合は有意ではなくなっていることから，選択肢 4 の平均値は特異であることがわかります。知の送り手であるベテラン層を含む場合においても有為であることから，選択肢 4「お互いの信頼関係」は知の移転において重要な促進（または阻害）要因であると言えます。

本節のまとめ

Szulanski（2000）が示している促進（または阻害）要因はいずれも経験知の移転においては大きな阻害要因にはなっていないようですが，表 8-6 から特に「お互いの信頼関係」が最も重要であることがわかります。「お互いの信頼関係」という相互信頼関係が前提になるならば，ベテラン層は普段から次世代層との良好な信頼関係の構築が必要となります。

第 3 節　経験知移転後の満足度

経験知を受け取ったまたは伝えたことで次世代層とベテラン層はそれぞれ結果として満足しているのかを確認します。本節では以下の質問項目を用います。

・次世代層の【YQ18】［満足度］

・ベテラン層の【SQ18】［満足度］

　経験知を受け取ったまたは伝えたことに対する個人ごとの【YQ18】【SQ18】［満足度］を表8-7に示します。表8-5と同様ベテラン層は11名延べ13人からの回答を用いています。次世代層【YQ18】［満足度］では「またベテラン（含む他者）に聞いてみたいと思いましたか？」，ベテラン層【SQ18】［満足度］では「また聞かれたら次世代者に伝えたいと思いましたか？」という質問文としているとおり，当該ケースで経験知を尋ねた相手のベテランまたは伝えた相手の次世代者に限定はしていません。

　「また聞いてみたい」「相手のベテラン層次第では聞いてみたい」という次世代層は34名（87.2％）と経験知には継続して期待しているようです。これに対してベテラン層側は自ら伝えたいというよりは，尋ねられたら伝える，という受け身の姿勢が読み取れます。次世代層は特に不満が生じている訳ではないので，前節の移転要因の結果は素直に受け入れても良いと考えられます。ベテラン層があまり積極的でない傾向であるのは，意欲が無いためなのか，経験知の価値に自信を持っていないためなのか，ベテラン層の存在価値を自己認識していないためなのか，いくつか理由が考えられます。次章の知のリーダーシップでシニア層の振る舞いの変化を確認することにします。

表8-7　経験知移転に対する満足度（個人ごと）

	次世代層				ベテラン層		
	選択肢		回答		選択肢		回答
5	また聞いてみたい	21	53.8%	5	伝える機会を増やしたい	2	15.4%
4	相手のベテラン次第では	13	33.3%	4	できるだけ伝えたい	3	23.1%
3	聞くだけ聞いてみるかも	2	5.1%	3	人材育成の一環として	2	15.4%
2	機会があれば聞くかも	2	5.1%	2	機会があれば考える	5	38.5%
1	機会は無さそう			1	機会は無さそう	0	
	わからない，判断できない	1	2.6%	0	わからない，判断できない	1	7.7%
		39名				13人	

注：次世代層は個人ごとの回答「名」数，ベテラン層は対となる異なる次世代層に対する2件を含む「人」数。

出典：筆者作成。

本節のまとめ

　経験知の移転の結果，経験知を受け取った次世代層のほとんどは機会があればまたベテラン層に経験知を尋ねてみたい，と考えているようです。

第4節　ベテランの存在価値や経験知の残し方からの要因

　前章のベテラン層の存在価値と経験知の残し方は文章形式による自由回答としていたため，回答の中に移転要因や前提条件に関わる意見が含まれています。本節では以下の項目とその表を改めて用います。

・次世代層から見たベテラン層の【YQ20】［存在価値］とベテラン層が自ら考えるベテラン層の【SQ20】［存在価値］（表7-10参照）
・次世代層が考える【YQ21】［経験知の残し方］とベテラン層が考える【SQ21】［経験知の残し方］（表7-11参照）

1．ベテランの存在価値からの必要条件

　前章の表7-10「ベテランの存在価値」の中の「必要条件」にカテゴライズされる回答が含まれていることは，存在価値を示すにはその条件がまだ充分に満たされていないことを示しており，促進（または阻害）要因と思われます（表8-8参照）。

　1番目は「送り手信頼性の欠如」に該当しますが，2番目以降は前述までの要因に該当しません。2番目・3番目は「知の表出化」に該当し，暗黙知となっている経験知を先に表出化しておくことを求めています。4番目はその知についての送り手と受け手のマッチングの仕組みの必要性を示していますが，これは表3-9（仲野，2014）の11要因の1つである「仲介者の存在」に該当するものです。5番目と6番目は「送り手のモチベーション」に関連するかもしれませんが，「制度や役割」であり，「組織からの支援」に該当すると考えられると思われます。7番目と8番目は「スキルアップ」は11要因の中では「付加価値の高いスキル」に該当するものですが，一般的に言われている学び直し

表8-8　ベテランの存在価値からの必要条件

No.	回答	発言	該当する要因
1	信頼関係が無いと聞きにくい部分もある。	次世代	送り手信頼性の欠如
2	その知を現役世代が自身で継承したいと思えば存在価値がある。		知の表出化
3	どのベテランがどのような経験知を持つのか，なかなかわからない。		
4	現実的には次世代層とベテランのマッチングが難しい。		仲介（者）
5	自らフロントに出てやって見せることで存在価値がある。		組織的からの環境的な支援
6	シニアについては現状位置づけが不明確。助言者なのか役割など，受け止め方がわからない。		
7	現役世代と一緒に仕事をするのなら「学び直し」というよりも知識やスキルは「アップデート」が必要。		スキルアップ
8	知っている次世代ではない第三者ならメンタリング技術を身につける必要がある。	ベテラン	

出典：筆者作成。

やリスキリングではなく，経験知をテーラリングできるよう，有しているスキルを今のIT技術にも追随できるようアップデートしておくことはIT業界らしい傾向であると考えられます。

2．経験知の残し方からの必要条件

　表7-11「ベテラン経験知の残し方」は経験知を移転するための改善の提案を期待しているものです。「こまめな会話」は「送り手信頼性の欠如」に該当するものと思われます。「社内SNS」と「相談窓口」の設置や「制度や役割」の明確化などは「組織からの支援」に該当するものと思われます。これは遠原（2018）が指摘している「ベテランの技能の表出化のためにはベテラン従業員（送り手）への動機付けが必要」に該当するもので，「自らの存在理由を感じ取れる事業の仕組みが必要」と述べているものになります。経験知の残し方としての「知の表出化」は本書におけるテーマおいては促進（または阻害）要因に該当するもののようです。

３．本節のまとめ

　ベテランの存在価値や経験知の残し方への意見には促進（または阻害）要因と思われる事項が含まれており，暗黙知となっている経験「知の表出化」，経験知を有しているベテランと経験知を必要としている次世代層の「マッチング」，ベテラン自身の「スキルアップ」なども要因と考えられます。

第 5 節　ベテラン層の見解

　本節では，普段からのお互いの信頼関係が重要であることに対してどのように思うのか，第 3 ステップにおいてシニア層にアンケートを行っています。本節では以下の質問項目を用います。

　・【SQ34】［移転要因への納得度］選択肢と理由（文章回答）

　この項目は，表 8-5「経験知の移転の要因」において「お互いの信頼関係」が次世代層とシニア層ともに高率となっていることに対してのシニア層の納得度を質問しています（表 8-9 参照）。

　評価 5 と評価 4 の合計は 36 名（90.0%）であり，表 8-5「経験知の移転の要因」はシニア層から賛同が得られたと考えられます。理由「また，そう思う理由を教えてください」の文章回答を整理すると，感想を述べたものが 16 件，意見を述べたものが 19 件となっています。主な意見としては，行動や所作を見せることで関係を構築できる，お互いの行動様式を理解していることが重要，信頼関係は普段からの小さな心遣いだと思う，会話を多くすること，親身になってきくことが重要，という結果になっています。これらは本章の結果を追認するものです。

表 8-9　経験知の移転の要因への納得度

選択肢		回答数	
5	この様な結果には賛同できる	15	37.5%
4	この様な結果にはある程度納得できる	21	52.5%
3	何らかの参考にはなる	4	10.0%
2	この様な結果は少し違うのではないか	0	
1	意外な結果でどう解釈して良いか分からない	0	
0	感想無し	0	

計　40 名

注：5段階選択肢文は筆者作成。
出典：筆者作成。

第6節　本章のまとめ

　Szulanski（2000）が示している促進（または阻害）要因はいずれも経験知の移転においては大きな阻害要因にはなっていないようです。また，経験知を受け取った次世代層のほとんどは機会があればまたベテラン層に経験知を尋ねてみたいと考えているようです。ただし，表 8-6 から特に「お互いの信頼関係」という相互信頼関係が最も重要であるならば，ベテラン層は普段から次世代層との良好な信頼関係の構築が必要となります。ベテランの存在価値や経験知の残し方への意見には促進（または阻害）要因と思われる事項が含まれており，暗黙知となっている経験知の表出化，経験知を有しているベテランと経験知を必要としている次世代層のマッチング，ベテラン自身のスキルのアップデートなどの施策が必要と考えられます。

　これらのことから，問 4「ベテラン層と次世代層が知の協創をするために必要となる条件（または障壁）は何か？」については，「お互いの信頼関係」が最も重要な要因であり，普段からの信頼関係作り必要とされています。たとえば，現役世代と同じ現場で共に業務に従事し，有している経験知の概要を次世代層に開示し，気軽に相談できるような雰囲気づくりをすること，および自己の知識やスキルを最新技術に対応できるよう「アップデート」することなどがベテラン層に求められているようです。なお，オンデマンドで経験知を受け取

りたい次世代層の期待に応えるためには，シニア層になる前の年代から普段からの信頼関係の構築を意識しておく必要が有りそうです。

　筆者の感想としては，「お互いの信頼関係」はどの職場へ異動・転出したとしても常に自覚しておく必要が有りそうです。また，学び直しではなく「アップデート」なのであればこれまでのスキルを否定することなく最新化すれば良いことになりますので，経験知を有効に活かせるのではと考えます。

第9章
知のリーダーシップ

　本章では立場や期待される役割や雇用形態が変わっているベテラン層はどのように振る舞えば良いのか？　について，ベテラン層の中のシニア層を対象として先輩や上位者の立場として次世代層を支援するためにどのようなや振る舞い（知のリーダーシップ）や想い（感情）を抱いているのかを確認します。第7章「学びと行動変容」においてベテラン層は次世代層の学びを支援していることは明らかにしていますが，それはどのような想いや考えによるものなのかは定かではありません。そこで本章では以下のサブテーマを設けています。

　　・問5-1「シニア層は次世代層に対してどのような接し方をしているのか？」
　　・問5-2「シニア層になる前と後ではどのような振る舞いの変化が有るのか？」
　　・問5-3「経験知を伝えることに対してシニア層はどのように考えているのか？」

　これらのことから，問5「経験知を伝えることに対してベテラン層はどのように向き合っているのか？」についての答えを確認します。なお本章は筆者の主張であり，学会の審査を経たものではありません。

第1節　次世代層への接し方と振る舞い

　本節では問5-1「シニア層は次世代層に対してどのような接し方をしている

のか？」について，次世代層に対する接し方（リーダーシップの発揮の仕方）と，振る舞い（気遣い）という２つの観点で確認します。

１．次世代層への接し方

　【SQ36】［接し方］では「現在は次世代層に対してどのような接し方をするのが良いと思いますか（または実践していますか）？」という質問をしています。筆者が示す９つの選択肢文章の中から複数選択可としています（表9-1参照）。幹部社員であった頃に発揮していた従来型リーダーシップである「率先型」「調整型」「指示型」は少なくなり，以前は発揮していなかった「協調型」「権限委譲型」「支援型」などにシフトしているようです。なお，選択肢の間の強い相関はありません。

表9-1　次世代層への接し方（複数選択）

選択肢	選択数		本書の呼称
主に自分が自ら率先してチームを指導している。	9	22.5%	率先型
次世代層のリーダーにマネジメント権限は既に委譲した。	19	47.5%	権限委譲型
主に次世代層とマネジメントを分担している。	10	25.0%	分散型
主にチームの各メンバーの業務や意見の相違を調整している。	8	20.0%	調整型
従前と変わらず次世代層に作業を指導している。	3	7.5%	指示型
主にメンタリングをしながら次世代層を見守る。	10	25.0%	傅役型
主に次世代層が自ら行動するよう促しそれをフォローしている。	16	40.0%	支援型
次世代層の意見を尊重し協調している。	23	57.5%	協調型

　注：「その他」4件は略。選択肢文は筆者案。延べ選択数は102，平均選択数2.55／人。
　出典：筆者作成。

２．次世代層への振る舞い

　【SQ37】［振る舞い］では「幹部社員だった頃と比較して，今の振る舞いに留意していることはありますか？」という質問をしています。筆者が示す10の選択肢に対して複数選択可としています（表9-2参照）。次世代層には「フォロワーシップ」で接する，次世代層との「人間関係作り」，次世代層の判断に影響を与えないよう「意志決定に参加しない」，など次世代層に迷惑を掛けない振る舞いが上位に並んでいます。上位５つの振る舞いのいずれかを選択した

人は 35 名（87.5％）ですが，これらは幹部社員だった頃の振る舞いでは無いため，シニア層になってから新たに発揮している振る舞いであると考えられます。なお，選択肢文章のフォロワーシップ，アサーティブ，サーバントなどの語については組織としての共通認識は無く個人ごとの解釈にはなっていますが，用語としては通用しているようです。

表 9-2　次世代層に対する振る舞い（複数選択）

選択肢	選択数		本書の呼称
次世代層に対してフォロワーシップで接している。	25	62.5％	フォロワーシップ
支援者の立場だからアサーティブな助言に止めている。	8	20.0％	アサーティブな助言
職場組織の意志決定には関与しない（判断は任せる）。	16	40.0％	意志決定不参加
失敗から学ぶことは大事なので，直前まで関与しない	3	7.5％	最遅関与
現役世代に影響しないよう，できるだけ関与しない	3	7.5％	関与しない
次世代層に積極的に関与するようにしている。	8	20.0％	積極的関与
次世代層とできるだけ良い人間関係作りに配慮している。	18	45.0％	人間関係作り
次世代層に対してサーバントな気持ちで接している。	11	27.5％	サーバントマインド
現役時代とかわらず，特に留意しない	2	5.0％	現役同様

注：「その他」5 件は略。選択肢文は筆者案。述選択数は 99，平均選択数 2.48 ／人。
出典：筆者作成。

本節のまとめ

問 5-1「シニア層は次世代層に対してどのような振る舞いに留意しているのか？」については，協調型，権限委譲型，支援型など次世代層の意志を尊重しながら，意志決定は次世代層に権限委譲し，次世代層との良い人間関係作りを意識し，フォロワーシップで接するよう配慮しています。つまり，次世代層をエンパワリングする振る舞いを発揮しています。

第2節　振る舞いの変化

本節では問 5-2「シニア層になる前と後ではどのような振る舞いの変化が有るのか？」について，その変化と，変化した理由を確認します。

1．振る舞いの変化

　表3-10「サーバント・リーダーシップと他リーダーシップとの共通項目」
で示している10個の項目が，以前と比較してどの程度変化しているのかを，
シニア層各人の自己診断にはなりますが，その変化を5段階の尺度で確認して
います（表9-3参照）。

表9-3　次世代層への振る舞いの変化

質問番号	質問	選択肢と選択数						平均値
		-2	-1	0	+1	+2	−	
SQ38 共通善	会社や所属する組織が将来どうあるべきかという観点で考えていますか。	1	7	10	11	10	1	0.56
SQ39 気づき	変化を読み解きながら将来を見据えて行動していますか。	4	11	5	11	8	1	0.21
SQ40 情報共有	チームメンバーと積極的に情報共有していますか。	3	11	10	8	8	1	0.18
SQ41 情報格差	チームメンバーの意志を尊重し平等に接していますか。	1	5	22	6	6	1	0.28
SQ42 概念化	本質や有るべき姿をチームメンバーが理解できるよう説明していますか。	1	5	15	10	8	1	0.49
SQ43 説得	指示的な手段を用いずにチームメンバーの理解が得られるよう努めていますか。	1	5	11	16	6	1	0.54
SQ44 成果共有	自身の成果よりもチームメンバーの成果に繋がるよう配慮していますか。	3	4	7	16	8	2	0.58
SQ45 傾聴	チームメンバーに耳を傾け共感する態度を示していますか。	1	3	11	13	8	4	0.67
SQ46 学ぶ環境	失敗からもチームメンバーが学べる環境作りをしていますか。	2	7	13	12	5	1	0.28
SQ47 成長支援	チームメンバーが自ら成長する配慮や機会を設けていますか。	1	10	9	12	1	7	0.06

注：選択肢　−2：そのような配慮は不要，−1：今は必要度は減った，±0：今も幹部社員の頃と変
　　わらない，+1：今は以前よりそう思う，+2：今は積極的にそう思う，−：わからない。
出典：筆者作成。

　その結果，0.67［傾聴］の後に，［成果共有］，［共通前］，［説得］，［概念化］，
［情報格差］，［学ぶ環境］，［気づき］，［情報共有］，［成長支援］という順に
なっています。すべての項目でプラスの値になっていますので，ここで示して
いる振る舞いは増加しているようです。つまり，エンパワリングを支援する

サーバント・リーダーシップの傾向が増えていると考えられます。

　ただし，【SQ39】［気づき］，【SQ40】［情報共有］，【SQ41】［情報格差］【SQ47】［成長支援］の4項目は変化量が比較的小さく（平均値が低い），それぞれ傾向は異なります。【SQ41】［権限格差］は「0」を選択した回答者が22名（55.0％）と多いことからシニア層になる前と後とでの変化は小さく，【SQ39】［気づき］と【SQ40】［情報共有］および【SQ47】［成長支援］の3項目は「−1」と「＋1」の選択数が多く，個人ごとのバラ付きが見受けられ，いずれも平均値を下げているようです。

2．振る舞い10項目の間の有為差の有無

　表9-3の10項目の平均値からは，その中のどの項目が特異なのかは判読できないため，分散分析（ANOVA，一元配置，対応あり，SPSS Statistics version28使用））を用いて平均値の差の検定を行っています。

　帰無仮説（null hypothesis）：すべての平均値は等しい
　対立仮説（alternative hypothesis）：すべての平均値は等しくない

　この結果の有意確率は0.01未満であり平均値に差があることがわかります。有意な差が有るのは，【SQ43】［説得］，【SQ45】［傾聴］，【SQ47】［成長支援］の3項目に存在しているようです。【SQ43】［説得］と【SQ45】［傾聴］は次世代層個人に対するものであり，【SQ47】［成長支援］は職場のチーム全体に対する配慮です。前者は平均値が高いことから次世代層個人の学びに対して貢献する意欲は高いと言えますが，後者の平均値は低いことから組織的な成長支援については変化が無いことを示しています。この傾向は組織的な人材育成については現在の上司である現役の幹部社員に移管済であることと一致しているようです。つまり，役職定年し嘱託・再雇用契約となってからは支援者として次世代層個人の成長にフォーカスしていることを示しています。

3．リーダーシップ変化の理由

　シニア層のリーダーシップがなぜ変化したのか明確な理由が明らかではない

ので別途追加のアンケートを行い，16名のシニアから回答を得ています（表9-4参照）。「会社の人事制度」が第1位，「次世代育成」が第2位となっています。このことから振る舞いの変化の理由としては，会社の人事制度が第一の理由ですが，次世代層に内省をさせて学ぶ機会を与えるリーダーシップとして相応しいと考えていたから，と推定されます。

表 9-4　リーダーシップの変化に影響を与えた要素（複数選択）

	選択肢	選択数		本書の呼称
1	会社や組織からの指示または会社の制度が影響している。	13	81%	会社人事制度
2	今の職場の雰囲気でそうした方が良いと考えた。	5	31%	職場の雰囲気
3	役職定年とか再雇用とか世の中的にはそういうものだから。	1	6%	世の中の常識
4	次世代の幹部社員に権限はすべて移管したので組織的な人材育成には関知しない。	5	31%	権限移管済
5	次世代層を育てるためにはそうした振る舞いの方が良い。	10	63%	次世代育成
6	自ら気づいたことがあってそうしている。	2	13%	自らの気づき
7	仕方がないからそうしているが，本意ではない。	3	19%	本意では無い

注：期間は2021年7月19日から8月4日。表9-3の回答者40名とは異なる回答者を含む。
出典：筆者作成。

本節のまとめ

　問5-2「シニア層になる前と後ではどのような振る舞いの変化が有るのか？」については，幹部社員だった頃に比べて説得や傾聴の面でサーバント・リーダーシップの傾向が強くなっています。また，組織的な成長支援は少なくなっていることから，組織的な人材育成は現在の幹部社員に移管済なので，次世代層個人の学びに焦点を当てている，と考えられます。

第3節　次世代層への知による寄与

　図3-10「サーバント・リーダーシップの役割と知識創造との関係」ではサーバント・リーダーシップの発揮が"知の創造"に繋がっている，という仮説が提示されていますので，どのような"知の創造"に貢献しているのか，および問5-3「経験知を伝えることに対してシニア層はどのように考えているのか？」

について確認します。

1．職場組織への貢献について

　職場組織内のどのような問題解決（知の創造）に寄与していると考えているのかについて【SQ48】［知の寄与］で「次世代層職場におけるどのような問題解決（知の創造）に寄与していますか？」という質問をしています（表9-5参照）。

　シニア層は，「知の融合」という次世代層との"知の創造"，次世代層の「内省支援」，「自身の活躍」という順で寄与していることがわかります。選択肢の相関という観点では，シニア層は「知の融合」と「知の創出支援」の相関は0.43，「知の融合」と「プレゼンス向上」，「知の創出支援」と「プレゼンス向上」，「ビジョン支援」と「プレゼンス向上」はいずれも相関度0.38であり，明確な強い関連では無いのですが，「知の融合」は次世代層の内省支援とシニア自身の活躍の両方にも関わっていると解釈できます。つまり，シニア自身が新ビジネスを創出，または社外向けに自社のプレゼンス向上に寄与するという「自身の活躍」よりも，次世代層の学びにつながる，問題解決するための"知"を創造するリーダーシップを優先していることがわかります。

表9-5　職場に対する知の寄与（複数選択）

	【SQ48】［知の寄与］の選択肢	回答数		本書の呼称	
1	自身の経験知と次世代層のアイデアを融合している。	17	42.5%	知の融合	知の創造
2	次世代層の失敗や効率低下の防止に貢献している。	15	37.5%	リスク回避	
3	次世代層が日々の業務経験から学ぶことに貢献している。	13	32.5%	次世代層の学び	
4	次世代層の新たな知を創出（問題解決）を支援している。	10	25.0%	知の創出支援	内省支援
5	組織のあるべき姿を描くことに貢献している。	10	25.0%	ビジョン支援	
6	経験知を活かして新ビジネス創出に貢献している。	9	22.5%	新ビジネス創出	シニアの活躍
7	対外活動などで会社のプレゼンス向上に貢献している。	9	22.5%	プレゼンス向上	
8	新たなナレッジ（教材など）創出に参加している。	6	15.0%	形式知作成	
9	従前どおり現役として業務で活躍している。	7	17.5%	現役同様	
10	その他（文章回答）	6	15.0%	その他	

注：回答数の多い順に並べ替え。
出典：筆者作成。

2，知を伝えることの必要度とその感情について

　経験知を次世代層に伝えることに対する想いを【SQ49】［必要度と感情］において「経験知を次世代層に伝えることに対してどのように思いますか？」という質問しています（表9-6参照）。

　この質問には，どの程度経験知を次世代層に伝えるべきか，どのような思いで経験知を伝えているのか，という2つの観点を含んでいます。本書のテーマに対して過去に筆者に寄せられた様々な意見の中から選択肢を選定しています。

　必要度については，1位が選択肢2「次世代層から必要とされ」60.0％，2位が選択肢3「伝える相手の学びに」42.5％となっています。感情としては，選択肢13「DX時代でも過去の経験知は有益である」が52.5％で1位となっているように，シニア層はプロジェクト特性や技術が変化しても適用できる経験知を持っておりDX時代と称する時代になっていても役割を果たせる，という思いを持っていることがわかります。

表9-6　経験知を伝えることの必要度と感情（複数選択）

	【SQ49】［必要度と感情］の選択肢		回答数	
1	シニアの経験知は企業競争力の維持に必要だから伝えるべきである。	必要度	6	15.0％
2	次世代層から必要とされ相談を受ける機会があれば伝えるべきである。		24	60.0％
3	伝える相手の学びになりそうな場合は伝えた方が良い。		17	42.5％
4	一緒に仕事をしていれば次世代層は自然に学ぶはずだから，経験知を積極的に伝える必要はない。		2	5.0％
5	現役世代に影響しないようできるだけ関与しない		0	
6	経験知を伝えるよりも，シニアはシニアにできる仕事に専念すべき。	感情	5	12.5％
7	普段から現役世代の悩みをキャッチして積極的に助言すべきである。		8	20.0％
8	経営層にこそシニア経験知をアピールすべきである。		8	20.0％
9	ベテラン知識を次世代層が使えるようにすることはシニアの責務である。		14	35.0％
10	自らフロントに立ってやって見せることが次世代層の学びに役立つ。		12	30.0％
11	現役世代の悩みを聞いてメンタリングなどで指導する方が良い。		8	20.0％
12	シニアになる前の年代から次世代層と信頼関係を築くことは重要である。		16	40.0％
13	DXの時代でもシニアの経験知は有益な点が多々ある。		21	52.5％

出典：筆者作成。

表8-7「経験知移転に対する満足度」において，ベテラン層側では今後も経験知を伝えたいという傾向は見受けられないのですが，表9-4における会社人事制度による動機付けと，学びを通した育成という観点からこのような傾向にシフトしているようです。

本節のまとめ

問5-3「経験知を伝えることに対してシニア層はどのように考えているのか？」については，次世代層から求められ，その学びになるなら，自身の活躍よりも“知の創造”による問題解決を通しての次世代層の学びに寄与したいと考えているようです。

第4節　シニアビジネス成功要因

シニア人材活用の成功要因（表3-9）をシニアビジネスの自立という観点に読み替えて「シニア層が組織ビジネスとして自立するためには何が必要か？」という質問しています。本節では以下の質問項目を用いています。

・【SQ51】［シニアの自立］

本書は企業内におけるシニア人材活用を行っている組織を対象としていることから，NPO法人とは異なる点を考慮して選択肢を見直しています。また，複数個選択を可としています（表9-7参照）。

第1位は項番1の経験知を活かしたコンサルタント的な役割，第2位は項番2の長期的な課題への取り組み，項番3のボランタリー精神，項番5のマッチングする仕組みとなっています。いずれも過半を超えておらず，多様な意見が混在しているようですが，支援内容，シニア人材，仲介者，組織の観点からも総じて検討することがうかがえます。

表 9-7　シニアが自立するための成功要因（複数選択）

分類	項	【SQ51】［シニアの自立］の選択肢	選択者数		順
支援内容	1	有識者として経験知を活かす役割（コンサルタントなど）。	18	45%	1
	A	企業競争力を維持するための知識を整備すること。	8	20%	
	2	長期的あるいは構造的な課題に取り組むこと。	16	40%	2
シニア人材	3	生きがいとボランタリー精神で活動すること。	16	40%	2
	4	シニア人材のもつ人脈を利用すること。	12	30%	
仲介者	5	シニアとそれを必要としている職場ニーズを仲介（マッチング）する仕組み。	16	40%	2
	B	シニアが有する知識や価値を現役世代に明示すること。	9	22.5%	
人材データベース	6	幅広いスキルを有するシニアとその人材データベースを整備する。	6	15%	
組織	C	シニアを活かすために適材適所を調整する組織的な支援。	15	37.5%	5

注：本書の対象が企業内組織であるため，仲野（2014）が示す 11 項目の内，組織に関わる項番 7〜11 を除外。項番 A，B，C を筆者案として追加。回答母数は 40 名。
出典：筆者作成。

第 5 節　本章のまとめ

　本章はシニア層からの質問回答をまとめていますが，シニア層になる以前の頃を含んでおり，ベテラン層としてのまとめとしても良いと考えられます。

　シニア層は次世代層の意志を尊重しながら，意志決定は次世代層に権限委譲し，次世代層との良い人間関係作りを心がけながら，フォロワーシップで接するよう配慮しています。総じては次世代層をエンパワリングする振る舞いを発揮するなど，幹部社員だった以前の頃に比べて，次世代層に対する説得や傾聴の面でサーバント・リーダーシップの傾向が強くなっています。また，シニア層は組織的な成長支援は少なくなっており，組織的な人材育成は現在の幹部社員に移管していることから，次世代層個人の学びに焦点を当てています。それは，自身の活躍よりも，次世代層から求められるならば"知の創造"を通しての次世代層の学びに寄与したいと考えているようです。

　これらのことから，問 5「経験知を伝えることに対してベテラン層はどのように向き合っているのか？」という問いに対して，組織的な人材育成は後任の

幹部社員に移管していることから，次世代層個人をエンパワリングしようとしており，次世代層個人との良い人間関係作りを意識し，フォロワーシップで接するよう配慮しながら，自身の活躍よりも"知の創造"による問題解決を通しての次世代層の学びにつながることを優先しています。総じては次世代層をエンパワリングするサーバント・リーダーシップの傾向にシフトしているようです。

　筆者の感想としては，シニア層にはシニアとしての役割が有り，それに適した振る舞いを意識することを改めて認識しているようです。当然，それを職場や次世代層にも理解してもらうことも必要そうです。このような背景としては，会社人事制度による動機付け，自己の立場への認識，学びを通した育成という観点からこのような傾向にシフトしているようですが，これは元幹部社員という立場を経て得た経験知からなのではないかと推察されます。

第 10 章

考　察

　前章までの結果を踏まえて，ベテラン層が関わる次世代層との“知の協創”の特徴について，筆者の観点で考察を加えてみたいと思います。

1）第6章「経験知の伝え方と受け取り方」において，ベテラン層が意図して用いた伝え方の認識と次世代層が認識する受け取り方には差異があることは明らかにできていますが，その傾向については確認できていません。また，差異を減らすことは可能なのでしょうか。

2）また，両者の認識に差異があることから次世代層に異なる解釈をされたと想定されることが懸念されますが，次世代層に伝わらなかった知の存在をどのように考えれば良いのでしょうか。

3）第7章「学びと行動変容」における次世代層の学びについて，職場学習の観点からベテラン層はどのような役割を果たしていると言えるのでしょうか。

4）また，ベテラン層と次世代層の双方の学びは協創による知の創造と言えるのですが，知の創造サイクルの観点からどのように捉えれば良いのでしょうか。

5）第8章「経験知移転の要因」で示された世代間での知の移転における要因は，Szulanski（2000）の組織内知識移転における要因と比較してどのような傾向があると言えるのでしょうか。

6）本書では“知の共創”ではなく“知の協創”という表現を用いているのですが，ベテラン層と次世代層はどのような知の協業をしていると言えるのでしょうか。

第1節　伝え方と受け取り方の差異の傾向

　第6章「経験知の伝え方と受け取り方」において，ベテラン層の伝え方と次世代層の受け取り方について両者の認識に差異があることは確認できていますが，その差異はどのような傾向があるのかを考察したいと思います。

1．受け手の次世代層の認識の推定

　表6-2「経験知の伝え方と受け取り方の照合」は次世代層とベテラン層の双方の認識を照合したものです。双方の認識に差異があることを示したものですが，この表からはベテラン層が意図して用いた伝え方を次世代層がどの受け取り方をしたのかという個々のケースごとの関係はわかりません。そこで，次世代層がどう解釈し認識したのか，筆者が推定しました（図10-1参照）。図中の「計」値は表6-2の値であり，表10-1内のケース数の値とは異なっています。

　推定は以下の観点に基づいています。

・送り手が意図して用いた伝え方を受け手が認識していない。
・送り手が「認識無し」なのに受け手が認識している。
・「共同化を伴う伝え方」は「共同化を伴わない受け取り方」と解釈される可能性が無いと仮定し，同じ枠内の他の方法で受け取っていると推定する。

　この観点からは以下の4つの傾向が見受けられます。

　傾向A：共同化を伴う伝え方が別の方法に解釈されている
　図左上では，送り手が「指導のもとでの練習」や「指導のもとでの観察」を用いた場合，受け手は認識していないか，または「指導のもとでの段階的解決」と解釈しています。

図10-1　伝え方と受け取り方の認識の差異

次世代層（受け手）の認識

ベテラン層（送り手）の認識	計	練習	観察	段階的	問いかけ	体験談	経験則	レクチャー	資料	人脈	他	認識無し
（計）		3	4		11	13	7	13	6	3	1	
練習	6	3通, 19ネ		14通, 15ネ, 18ネ								16ネ, 21個, 22個
観察	8			5ネ, 14通, 15ネ, 17ネ								11個, 16ネ, 24ネ
段階的	6			24ネ, 29ネ	1通, 2通, 6ネ, 10個, 16ネ, 19ネ							22個, 26ネ, 27ネ
問いかけ	6											
体験談	14					2個, 7通, 10個, 19ネ, 20ネ, 37個		18ネ, 41ネ		4通	9通	1通, 17ネ, 50通, 51通
経験則	12					14通, 15ネ, 21個	19ネ, 37個	20ネ, 41ネ	4通, 50通	50通		2個, 6ネ, 24ネ, 51通
レクチャー	12					16ネ, 40ネ	40ネ	1通, 3個, 6ネ, 14通, 17ネ, 19ネ	7通, 19ネ			24ネ, 51通
資料	6							21個, 22個, 41ネ				40ネ
人脈	1											
その他	2						7通, 10個, 11個, 27ネ	7通, 10個, 27ネ	26ネ, 29ネ	4通	9通	
認識無し		3個, 19ネ	1通, 19ネ, 40ネ, 41ネ	10個, 19ネ, 20ネ, 41ネ	20ネ, 37個, ネ, 50通, 51通	11個, 22個	7通, 10個, 11個, 27ネ	7通, 10個, 27ネ	26ネ, 29ネ	4通, 10個	10個	7通

（傾向A・傾向B・傾向C・傾向D の各領域を点線で示す）

注：送り手が「資料」を紹介したものを受け手が「レクチャー」と解釈したのだろう、などという推定したものであり、他表の数値とは異なっている。数字はケース番号。「通」は「通常業務」での対話、「個」は「個別対面」での対話、「ネ」は「主にネット」での対話を示す。

出典：筆者作成。

傾向Ｂ：共同化を伴う伝え方を次世代層が認識していない

　図右側では，送り手が「指導のもとでの練習」や「指導のもとでの観察」や「指導のもとでの段階的解決」を用いていますが，受け手はそのような認識は無いようです。

傾向Ｃ：意図していないのに共同化を伴う方法で受け取っている

　図下の左側では，受け手は「共同化を伴う方法」で受け取ったという認識をしていますが，送り手はそのような方法を用いた認識はないようです。

傾向Ｄ：共同化を伴わない伝え方は多様に解釈されている

　図下の右側では，送り手が「共同化を伴わない方法」で伝えている場合は，受け手は「体験談」と「経験則」と「レクチャー」など様々に分かれていることがわかります。例えばケース２では送り手が「体験談」を説明したのに受け手は「レクチャー」と解釈しているようです。

　この傾向からは以下の４点が推定されます。

　１）傾向Ａからは，「指導のもとでの練習」や「指導のもとでの観察」を用いているのに，受け手は「指導のもとでの段階的解決」で受け取ったと認識していることから，実際には次世代層とベテラン層は繰り返し対話場が設けられていることが推察されます。対話回数を質問文に含めていなかったためでありアンケート設計の考慮漏れと考えられます。

　２）傾向Ａと傾向Ｂからは，送り手がいわゆる共同化を伴う場で「自分の背中を見せて学ばせた」つもりが，受け手は「背中を見ていた」とは認識していないようです。なお，該当する送り手は５名（S03, S04, S07, S10, S14）の内３名（S03とS07とS10）ですが，特定の個人に依存しているとまでは言及できそうにありません。

　３）傾向Ｃに該当する送り手７名（S01, S02, S04, S06, S11, S19, S29）のケースでは，送り手は共同化を伴わない伝え方のみを回答しています。傾向Ａと同様に，実際には何度か対話を行っていた可能性が推定されます。

　　また送り手はコーチング技法などを用いた「指導のもとでの観察」や「指
　　導のもとでの段階的解決」を行ったと解釈できますが，送り手が当時用い
　　た方法をアンケート回答時に忘れているのか無意識に行っていたのかは本
　　書では明らかにできていません。
　4）傾向Dからは，共同化を伴わない方法は，体験談も経験則もレクチャー
　　も受け手はそれらの方法の明確な区別がついていないことがわかります。
　　「体験談」や「経験則」は本来貴重な経験知ですが，それが片方向的な
　　「レクチャー」と解釈されているのは，送り手であるベテラン層が当時の
　　上司的な立場だったからと考えられます。

　このような傾向による影響を低減させるには，実務的な観点では，ベテラン
層は自分がどのような方法で伝えているのかを次世代層に示せば，より効果的
に経験知を伝えられる可能性があると推察されます。

２．次世代層と一緒に仕事していれば知は継承されるか

　本書では第２章第６節「多様な意見：経営層や職場から」において経営者Ｂ
氏は「ベテラン層と若手層が一緒に仕事をしていれば若手層は学べるから（意
図して）経験知を伝える（行為や活動する）必要は無い」と考えています。こ
れは本書の結果とどの程度一致しているのでしょうか。
　図10-1の傾向Ｃのみを見ればこの発言は正しいかもしれません。ただし傾
向Ｂは「指導のもとで観察」「指導のもとで練習」で伝えてもそのようには認
識されていない（つまり，ベテラン層が背中を見せても，次世代層はその背中
を見ていなかった）とも解釈もできそうです。知を受け取ったことで満足はさ
れているのでそれで問題は無く，だから経験知を伝える必要は無い，という解
釈ができるかもしれませんが，それでは企業の競争力を維持するための知は充
分に次世代層に移転されたとは言い切れません。次世代層が経験知を尋ねると
いう自発的行為が起きてもこのような状況ですから，経験知を尋ねず（つまり
伝えず），共に同じ職場で単に現役同様のベテラン層の行為を観察していたと
しても，自己の振り返りによる学びが起きることは想定しにくいのではと推察
します。また，第４章第３節でも述べたように「普段からベテラン層に質問し

ていて改めて経験知と言われても区別がつかない」という発言をしているアンケート未回答の次世代層は同じ職場で仕事をしながら学びは得ているものとは考えられますが，有益な知という意識は少ないのかもしれません。

　したがって「ベテラン層と若手層が一緒に仕事をしていれば若手層は学べる」という理解は，一部は肯定できますが，「経験知を伝える必要は無い」ということを肯定することは難しいと考えられます。少なくとも「対話」の繰り返しが必要であり，表7-11「ベテラン経験知の残し方」で示している次世代層とベテラン層のマッチングを促す制度・仕組みや，こまめな会話または相談窓口の設置など対話を促すための何らかの組織的な施策が必要と考えられます。

第2節　　次世代層から聞かれなかった知

　前節でベテラン層が意図して用いた伝え方の認識と次世代層の受け取り方の認識についての両者の差異の傾向を考察しています。そこで本節では，その差異によって次世代層に異なって解釈をされ，伝わらなかった部分の存在をどのように考えれば良いのかについて考察したいと思います。

　前節で，伝え方と受け取り方の認識の差異として4つの傾向（傾向A，傾向B，傾向C，傾向D）を示しています。この内，傾向Aと傾向Cと傾向Dでは差異はあったとしても何らかの方法で受け取ったという認識があり，また【YQ11】［理解度］，【YQ13】［知の信用度］，【YQ15】［有益度］が高いこと，【YQ16】［学び］と【YQ17】［行動変容］も起きていることから，「次世代層が必要としていた知は受け取られ，理解されている」と考えられます。

　ところが傾向Bの7ケース（重複を除く）は，表6-3「ペア回答29ケース経験知の伝え方と受け取り方」において認識に差異があるケースに該当します。この7ケースはいずれも【YQ11】［理解度］，【YQ13】［知の信用度］，【YQ15】［有益度］が高いことから次世代層は，必要とした知は受け取れたと考えられますので，「伝えたけれども異なる解釈をされた知」と，それでも「伝わらなかった知」が有った可能性が有ります。

　このようにベテラン層が「伝えたかった知」は「次世代層が必要としていた

知」（つまり，次世代層が解釈して引き継がれた知）と「伝えられたけれども
異なる解釈をされた知」と「伝わらなかった知」の 3 つに分けられると考えら
れます。この内，次世代層が必要としていた知」と「伝えられたけれども異な
る解釈をされた知」は次世代層が抱える問題の解決に役立ったことから，企業
技術力維持のための必要最低限の知であると考えられます。

　また，次世代層がオンデマンドで知を受け取る方法では「次世代層から聞か
れていない知」が残ってしまいますが，これは「将来必要になるかもしれない
知」であると考えられます（図 10-2 参照）。

図 10-2　次世代層が受け取った知の範囲

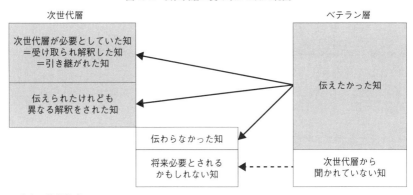

出典：筆者作成。

　「次世代層から聞かれていない知」と「伝わらなかった知」は，結果として
組織的な学習棄却（Un-learning）に該当するものと考えられます。これらが
どのような知であるかを測定することは難しいと考えられます。また，技術サ
イクルが短く，将来どのような技術がいつ必要とされるのかを想定することが
難しいプロジェクト型組織ビジネスを行っている職種では，これらの知が将来
必要になるか否かは誰にもわからないと考えられます。

　実務的にはこれはリスクとして捉え，経営層や次世代層が再び時間とコスト
を掛けて学び直す知であると割り切る必要があるかもしれません。この場合
は，暗黙知を表出化させる何らかの方法で書き残しておく，などが良いと考え
られます。表 7-11「ベテラン経験知の残し方」でも知の表出化として必要性

が示されており，表7-10「ベテランの存在価値」においてベテラン層がリスクを低減させる存在であるならば，その観点に絞っても良いと考えられます。筆者の案を次章で述べてみたいと思います。

第3節　職場におけるベテラン層の役割

　本書における第7章「学びと行動変容」における次世代層の学びについて，職場学習の観点からベテラン層はどのような役割を果たしていると言えるのかを考察してみたいと思います。

　前章において，幹部社員としての立場を離れたシニア層においては，次世代層の組織的な指導と育成は後任の幹部社員に権限を委譲している中で，経験知を伝えることによって次世代層個人の学びに焦点を当てています。その際，次世代層との良い人間関係作りを意識し，フォロワーシップで接するよう配慮しながら，自身の活躍よりも"知の創造"による問題解決を通しての次世代層の学びにつながることを優先していることを述べています。このような人材育成は，上位者から下位者への組織的なOJTとは異なり，「個人を包囲する多種多様な人々からの支援で行われているOJT」（中原, 2010b）に近く，次世代層からのオンデマンドであることを考慮すると，OJTとOff-JTの中間のような，寄り添うOJTなのかもしれません。

　また，図3-8「職場における他者からの支援」（中原, 2010a：51ページ）においては上位者の役割は内省支援であり，その上位者が行う内省支援は「互酬性規範」と相関があるとなっています。本書のベテラン層の場合における次世代層の【YQ16】［学び］と【YQ17】［行動変容］が，量的な質問ではないため該当する文章が回答文の中に見受けられるかという観点で，他者から受けている支援と職場における能力向上（中原, 2010a：72ページ）とどの程度一致しているのかを表10-1と表10-2に示します。表10-1からは，業務支援においては専門知識の提供や手本は提供していますが，仕事上の必要な他部門との調整や自律的に働けるよう任せたり，やる気を高めたりなどの直接的な支援はしていないようです。また内省支援においては，内省を促してはいますが，競争心を高めたり良い点を伸ばすなどの成長促進までは関与していません。表

表 10-1　ベテラン層から受けている支援

No	カテゴリ	他者から受けている支援項目	一印：該当無，〇印：該当例有。	
1	業務支援	自分にはない専門的知識・スキルを提供してくれる	〇	Y01, Y04, Y11, Y28 など
2		仕事の相談にのってくれる	〇	本書の例全体が該当
3		仕事に必要な情報を提供してくれる	〇	Y07, Y11, Y20, Y39 など
4		仕事上の必要な他部門との調整をしてくれる	—	
5		自分の目標，手本となっている	〇	Y09, Y18, Y32, Y36 など
6		自律的に働けるよう，まかせてくれる	—	
7		仕事のやる気を高めてくれる	—	
8	内省支援	自分について客観的な意見を言ってくれる	〇	本書の例全体が該当
9		自分自身を振り返る機会を与えてくれる	〇	Y02, Y03, Y27, Y28 など
10		競争心を高めてくれる	—	
11		自分の良い点を伸ばしてくれる	—	
12		自分にない新たな視点を与えてくれる	〇	Y10, Y14, Y19, Y29 など

注：中原（2010a：51 ページ）他者から受けている支援と照合。該当が無い「精神支援」は略。
出典：筆者作成。

表 10-2　ベテラン層から受けている能力向上

No	カテゴリ	他者から受けている能力	一印：該当無，〇印：該当例有。	
1	業務能力向上	業務を工夫してより効果的に進められるようになった	〇	Y11
2		仕事の進め方のコツをつかんだ	〇	Y01, Y20
3		苦手だった業務を円滑に進められるようになった	〇	Y22, Y26
4		より専門性の高い仕事ができるようになった	—	
5		自分の判断で業務を遂行できるようになった	〇	Y26
6	他部門理解向上	他者や他部門の立場を考えられるようになった	〇	Y10, Y14
7		他者や他部門の業務内容を尊重するようになった	〇	Y39
8		他者や他部門の意見を受け入れるようになった	〇	Y37
9	他部門調整能力向上	複数の部門と調整しながら仕事が進められるようになった	〇	Y07, Y27
10		初めて組む相手ともうまく仕事を進められるようになった	—	
11	視野拡大	より大きな視点から状況を捉えるようになった	〇	Y02, Y27
12		多様な視点から考えるようになった	〇	Y04, Y29, Y39
13〜14	自己理解度促進	自分のマイナス面を素直に受け入れることができるようになった	—	
15〜17	タフネス向上	我慢することを覚えた	—	

注：中原（2010a：72 ページ）職場における能力向上と照合。
出典：筆者作成。

10-2 からは，自己理解度促進とタフネス向上という能力向上には寄与していないようです。

「職場における他者からの支援」（中原，2010a：51 ページ）の観点では，上位者から受ける支援は主に「内省支援」となっていますが，本書における平均約 18 歳離れたベテラン層からの世代間における知の継承においては「業務支援」も含まれていることがわかります（図 10-3 参照）。

図 10-3　職場におけるベテラン層からの支援

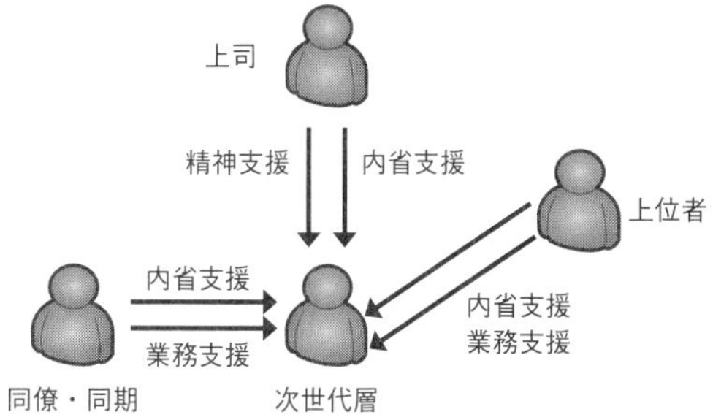

出典：中原（2010a：103）を筆者が加筆。

また，表 8-2「経験知を伝えるベテラン層の動機」では，自己の経験知を伝えたい，何らかの参考になれば，人材育成はベテランの役目だから，がそれぞれ 4 割となっています。次世代層の学びに寄与することを願って，経験知が継承されることをベテラン層は望んでおり，互酬性規範では行動してはいないようです。つまり，実務的な観点ではベテラン層の動機は，互酬性規範ではなく，次世代層への寄与や名誉であるかもしれないと考えられます。

第4節　知の創出の流れ（SECI サイクル）

本節では，第 7 章「学びと行動変容」におけるベテラン層と次世代層の双方の学びは，知の創造サイクルの観点からどのように捉えれば良いのかを考察してみたいと思います。

個人における"知の創造"活動として学び（気づき）を表出化し，それを連結知として多様な視点を習得した上で，行動変容を内面化と見立てることは可

能であると考えられますが，本書における次世代層とベテラン層の流れはそれ
ぞれ異なっているようです（図10-4参照）。

図 10-4　知の表出化の流れ

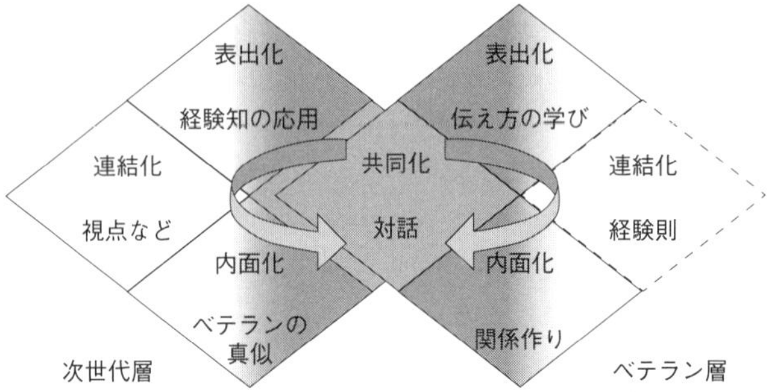

出典：筆者作成。網かけは暗黙知領域を示す。

　次世代層は共同化における対話場においてベテラン層からのレクチャーや
コーチング技法を介して知を受け取り，その知の中のコンテキストと現在の問
題との類似点などから気づきを得て問題解決の策を表出化しています。その際
に視点や考え方を獲得しておりこれが当人にとっての連結知ではないかと考え
られます。そして，ベテラン層の真似をするような行動変容を通して内面化し
ていると考えられます。

　一方，ベテラン層は共同化における対話の場において，聞かれた経験知が今
でも有益であることを再認識し，次世代層に知を移転した後に，次世代層との
コミュニケーション方法や伝え方などの学びを得て，次世代層とより近しい人
間関係作りに努めようと行動を変容させています。残念ながら本書では連結知
に相当するもの（経験則と推定）は見いだせていませんが，コミュニケーショ
ン方法や伝え方などを学びながら，次世代層との人間関係作り（内面化）をし
ているものと思われます。

　一般的にはSECIモデルの右・下側（図10-4で示される菱形図形では右側）
が形式知となっています。ところが，次世代層もベテラン層も，自己の内部に
おける気づきという学びも，相手の立場や視点を理解するという学びも，形式
知にはしていません。言葉によって自分自身と対話して表出化しているようで

すが，コード化（文字起こしや形式知化）はしていません。それでも，メンタル・モデルとして個人に内在するこれらの暗黙知は，同様な知を獲得している人員が増員されることで組織的には拡大し，次世代層がさらにその次世代層に知を伝えることが可能となることから組織としての SECI サイクルは将来的には廻るであろうと考えられます。単に共同化の場の中ですべてが回っていて SECI サイクルは廻っていない，という捉え方も可能ですが，個人から他者へ移転され，多人数に継承されることから，存在論的レベル（Nonaka and Takeuchi, 1995, 和訳新装版 2020：124 ページ）では拡がっていますので，連結知にも暗黙知が存在しているという考え方も可能なのではないでしょうか。

　ただし，連結知をどのように次世代層の内面化に繋げるのかについては本書では明らかにできていません。また，共同化では次世代層とベテラン層は対話するなどの重なりはあると推察されますが，2 つの SECI プロセスが全体としてどのように重なり合うのかについては定かではありません。次世代層を個人として捉えるのか，組織内の多人数として捉えるのかによって知の移転モデルが異なるかもしれません。これらは今後の研究課題と考えられます。

第 5 節　Szulanski の阻害要因との相違

　本節では第 8 章「経験知移転の要因」において見受けられた世代間の知の移転における要因は，Szulanski（2000）における知識移転における要因と比較してどのような傾向があると言えるのかについて考察してみたいと思います。本書では対話の回数をアンケートでは質問していないのですが，次世代層とベテラン層の対話は 1 回きりではなく複数回行っているようです。Szulanski（2000）「組織内知識移転の阻害要因」（表 3-8）で示されているステージ（開始，実装，活用，統合）と単純に比較することはできないのですが，表 8-5「経験知の移転の要因」におけるペア回答 21 組の回答者 29 人（次世代層 16 名，ベテラン層 11 名 13 人）を母数として各選択肢の選択比率の順位と比較してみます（表 10-3 参照）。

　・1 位は本書では「お互いの信頼関係」と称している「信頼性の欠如」であ

表 10-3　Szulanski の阻害要因との相違

Szulanski（2000）		開始	実装	活用	統合	回答数	%	順位	備考
	阻害要因	ステージ							
移転される知識の要因 Knowledge	不明瞭な因果関係 (Causal ambiguity)	3	2	2	4	11	38%	3	
	実証性の欠如 (Unproven knowledge)	2				7	24%		阻害要因ではない。
知識の送り手の要因 Source	動機の欠如 (Lack of motivation)		3	5		9	31%		
	信頼性の欠如 (Not perceived as reliable)	1	3	3		23	79%	1	
知識の受け手の要因 Recipient	動機の欠如 (Lack of motivation)			6	3	10	35%		
	吸収能力の欠如 (Lack of absorptive capacity)		1	1	1	12	41%	2	受け手の熟達度が関係すると考えられている。
	保持能力の欠如 (Lack of retentive capacity)			2		11	38%	3	
コンテキスト要因 Context	組織的な不毛性 (Barren organizational context)			4	2	4	14%		相互信頼関係の関係では阻害要因ではない。
	円滑な関係性の欠如 (Arduous relationship)		4		3	—	—	—	本書では対象外。

注：信頼するベテラン層に知を尋ねていることから「円滑な関係性の欠如」は除外。
出典：筆者作成。

　り，Szulanski（2000）では「開始」ステージの 1 位となっています。
・2 位は本書では「受け手の吸収能力」と称している「吸収能力の欠如」であり Szulanski（2000）でも実装・活用・統合に関わる 1 位の要因です。
・3 位は「不明瞭な因果関係」と本書では「受け手の保持能力」と称している「保持能力の欠如」であり，ほぼ同じ傾向となっています。

　このように，1 位から 3 位までの要因までは総じては Szulanki（2000）と一

致しているようです。ただし，以下の点には差異が見受けられます。

- ・2番目「実証性の欠如」は表5-6「知の信用度と知の確度」で示されているとおり，相互信頼関係にあるベテラン層に対しては，組織内で正当化まで至っていないベテラン層個人の「自己の信念」であっても次世代層からは信頼されており，阻害要因とはなっていません。
- ・8番目「組織的な不毛性」もシニア活用施策が浸透している環境にあることからは阻害要因とはなっていません。ただし，表7-11「ベテラン経験知の残し方」で，どのベテランがどのような経験知を有するのかわからない点が課題として指摘されており，相互信頼関係の無い間柄の次世代層とベテラン層との間においては阻害要因となりうることが考えられます。この点では実務的な観点での組織的な検討課題になりうると考えられます。

第6節　知の協創スタイル

　本節ではベテラン層と次世代層はどのような知の協業をしていると言えるのかについて考察してみたいと思います。

1．知の適用の流れ
　第7章「学びと行動変容」における表7-7「次世代層が受けた経験知とその後の行動変容」では，次世代層は専門知や思考スキルをベテラン層から獲得した後に行動スキルを変容させていることを示しています。表3-3「実践知とスキルの適用度」でベテラン層から「ヒューマンスキル（行動スキル）は伝えられるものではないのでは？」という指摘が提示されていますが，専門知や思考スキルを学ぶことによって次世代層が行動スキルを自ら学んでいることから，行動スキルまで伝えなくても問題にはならないことがわかります。したがってベテラン層からの指摘は妥当と考えられます。このことから知は専門知⇒思考スキル⇒行動スキルという流れの順に知が適用されていると推定されます。この知の適用の流れを図3-4「経験知の分類軸」に適用すると図10-5のように示しても良いのではと考えられます。

図 10-5　知の適用の流れ

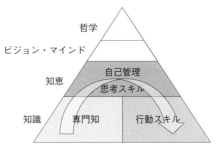

注：図 3-4 経験知の分類軸に流れの矢印を加筆。
出典：筆者作成。

2．次世代層とベテラン層の役割分担

　次世代層が抱えているプロジェクト課題の解決にベテラン層も向き合っていますが，問題解決である"知の創造"は主に次世代層が行っており，ベテラン層はそれを支援するために経験知を伝えています。このようにベテラン層と次世代層の行動は異なっており，問題解決に向けた"知の創造"という観点では「共創」とは言えません。

　第 9 章「知のリーダーシップ」の観点からは，ベテラン層は次世代層との良い人間関係作りを意識し，フォロワーシップで接するよう配慮しながら，自身の活躍よりも"知の創造"による問題解決を通しての次世代層の学びにつながることを優先しています。つまり，ベテラン層は次世代層を見傅（まも）りながら，組織としての問題を解決する知を次世代層が創造することを期待していますので，両者は組織的な課題を解決するという観点では協業しています。協業しながら"知の創造"の役割を分担していることから"知の協創"をしていると解釈できるのではないでしょうか。

　知の適用の流れ（図 10-5）と知の創造プロセスへの寄与（図 3-6）に対して，"知の協創"を適用すると，図 10-6 のような世代間で知を継承するモデルが考えられるのではないでしょうか。

　・次世代層からの相談に対して，ベテラン層は相談しやすい「場づくり」をしようとしている。

・対話しながら「共同化」の場において，課題を解決するための知の共有を行っている。

・知の共有の場をとおして，ベテラン層は主に暗黙知から成る経験知を伝えている。

・認識，分析，判断，という流れは，経験知を構成する専門知，思考スキル，行動スキルに相当するものと考えられる。

・経験知を受け取りながら，プロジェクト課題を解決するという"知の創造"は主に次世代層が行っている。

・ベテラン層は振り返りによって次世代層に内省を促して視野を広げる存在であり，企業に対しては失敗リスクの軽減による企業業績の悪化防止に貢献する存在であることを認識している。ベテラン層は見傅（まも）りながら次世代層が課題解決することを期待している。結果として次世代層当人が学びを得て熟達化することを期待している。

・ベテラン層と次世代層はプロジェクト課題の解決に向けて協業している。その結果として企業の技術力を維持するための知は受け取られる。

図 10-6　世代間で知を継承する協創モデル

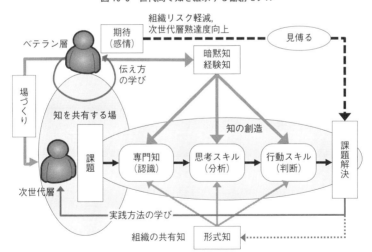

注：植木ほか（2011：131 ページ）との類似性を応用。
出典：筆者作成。

　このような協創モデルはA社内の職場の次世代層やベテラン層および経営層において理解しうるものと考えられます。また，SE 職に限らず，「広義のものづくりに関わる知的労働を行う新興の専門職でありホワイトカラーに属する」その他の職種にも適用できるものではないでしょうか。

第11章

まとめと展望

　本書は，技術が短いサイクルで変化している IT 企業 A 社 SE 部門を対象に，ベテラン層（熟達度第4段階）から次世代層（熟達度第3段階と第2段階）への経験知移転のデータを集めて，時代や技術が変化しても有益な経験知とはどのような特徴を有するのかについて，知の受け手である次世代層の観点から明らかにすることを目指したものです。

第1節　研究テーマに対する回答

　研究テーマに対する問いへの答えは次のようになります。

　問1　次世代層が期待するベテラン層の経験知にはどのような特徴があるのか？

　プロジェクト推進上の課題を解決するための知が求められており，専門知に加え課題を解決するための思考スキルと行動スキルも同時に必要とされています。またベテランに内在したままの個人知となって組織的な観点では暗黙知となっているこれらの知は形式知が難しく，共同化でしか伝えることができない知であり，ベテラン層個人の自己の信念に基づく知であっても次世代層からは信用されています。この経験知は広義のものづくりに関わる知的労働を行う新興の専門職に関わる知であり，企業の技術力維持向上に必要な知であると考えられます。

問 2　経験知の伝え方と受け取り方にはどのような差異があるのか？

　ベテラン層は多様なコーチングの方法を組み合わせて次世代層に伝えています。ベテラン層が意図して用いた伝え方と次世代層が認識している受け取り方について両者の間に認識の差異があった場合でも，経験知は伝えられ，次世代層は自己が必要としていた知は受け取れたと認識しています。その際，説明に共感する，要点観点の違いから理解する，対話を続ける内に次第に理解する，という方法で経験知を理解しています。

問 3　経験知の移転によって次世代層とベテラン層はそれぞれどのような学びを得ているのか？

　ベテラン層が有する経験知は，個別対面という対話場においては特に「視点や考え方」，熟達度第 3 段階の次世代層に対しては特に問題解決に向けた「分析や原因推測」「状況認識や解釈」には寄与しています。次世代層はこのような学びを通して具体的に実践するための自らの行動スキルを変容させています。また，ベテラン層は次世代層と向き合うための対人スキルを学び直しています。

問 4　ベテラン層と次世代層が知の協創をするために必要となる条件（または障壁）は何か？

　「お互いの信頼関係」が最も重要な要因であり，普段からの信頼関係作り必要とされています。たとえば，現役世代と同じ現場で共に業務に従事し，有している経験知の概要を次世代層に開示し，気軽に相談できるような雰囲気づくりをすること，および自己の知識やスキルを最新技術に対応できるようアップデートすることなどがベテラン層に求められているようです。

問 5　経験知を伝えることに対してベテラン層はどのように向き合っているのか？

　組織的な人材育成は後任の幹部社員に移管していることから，次世代層個人をエンパワリングしようとしており，次世代層個人との良い人間関係作りを意識し，フォロワーシップで接するよう配慮しながら，自身の活躍よりも“知の

創造”による問題解決を通しての次世代層の学びにつながることを優先しています。

　　研究テーマ　技術サイクルの短い職種におけるベテラン技術者の経験知はど
　　　　　　　のように次世代層に移転されているのか？

　ベテラン層は自身に内在したまま組織的には暗黙知となっている経験知を次世代層からの求めに応じてオンデマンドで伝え，次世代層と協業しながら，その知を活かして次世代層がプロジェクト課題を解決するための知の創造を支援しています。企業の技術力を維持するための知が移転され，結果として次の世代に継承されることから，ベテラン層と次世代層は“知の協創”をしています。

　次世代層ならばその知が有益か否かを判断することが出来ることから，経験知は継承するものではなく，次世代層とベテラン層による“知の協創”によって，オンデマンドで次世代層に受け取られてゆくことも可能であることがわかります。

第 2 節　　理論的な意味

　ベテラン層が有する経験知の世代間の継承については 2007 年問題などに対しての先行研究がなされています。ところが IT 業界 SE 部門においては，技術が短いサイクルで変化が繰り返されてきたことでこれまでとは異なる状況が生まれています。また高年齢者雇用安定法の改正などにより企業内に留まる期間が延長となるベテラン層が増えつつあり，これまでにはない新たな知の移転方法が可能となってきています。本書はこのような社会変化の中でもベテラン層と次世代層が“知の協創”を行う条件を明らかし，先行研究に対して以下のような新たな知見を加えるものです。

1．広義の「ものづくり」

　山藤（2009）によれば「ものづくり」には狭義の定義と広義の定義とがあり，Davenport（2005, 和訳 2006）や三輪（2011）や野中・遠山・平田（2010）

による定義によれば SE 職は「広義のものづくりに関わる知的労働を行う新興
の専門職でありホワイトカラーに属する」職種（図 2-3 参照）に相当します。
また，他者への援助や奉仕を行っていることから「プロフェッショナル」（松
尾，2012）人材です。このことから，本書は技術サイクルが短いという特性を
有する SE 職以外の類似する職種へも適用できる可能性があります。ただし，
どの範囲の職種まで可能かについては本書では扱っていません。

２．経験知の分類と種類

　経験知の大半が組織的には暗黙知となっていきます。暗黙知は，知識，知
恵，ビジョン・マインド，哲学というレベルの知の概念（植木ほか，2011）や，
特徴を説明する単語（野中ほか，2010）などであり，知の移転において送り手
と受け手が共通で認識できる分類や種類が明確ではありません。そこで本書で
は，認知心理学で用いられる熟達化に関わる「実践知とスキル」（楠見，2011）
が知の概念や特徴を説明する単語と類似していることに着目し，「経験知の分
類」として用いています。そしてこの「経験知の分類」が実際に測定できるこ

表 11-1　次世代層がベテラン層から受けた経験知の種類（再掲）

経験知の種類（本書における略称）				筆者補正
専門知	11	担当分野の専門知（プロダクト系／プロセス系）	26	2
	12	現場で得られる知（経験則・工夫）	(50%)	11
	13	事例（成功事例・失敗事例）		9
	14	組織マネジメントの工夫（知識／スキル）		4
思考スキル	21	状況認識と問題点の分析	15	5
	22	あるべき姿の考え方	(29%)	6
	23	あるべき姿の実現計画		2
	24	自己ビジョンの見せ方		2
行動スキル	31	人との対話・気持ちの理解	10	4
	32	周囲（関連部門）との適切な関係作り	(19%)	4
	33	会議での方向付け		0
	34	コンフリクトの解消		2
自己管理	41	自己管理・心構え	1	1

出典：筆者作成。表 5-1 を簡略化。

とを示し，知識科学（ナレッジ・マネジメント）に応用できることを示しています（表11-1参照）。ただし，経験知の傾向を示す1つの方法であり，他にも分類の方法はあるかもしれません。

3．受け手観点での有益な経験知の見極め

　中山（2006）および森（2013）のように送り手側の有識者が継承すべき知を見極め，その知を表出化し，DB化する方法を述べているものがありますが，これらは送り手の観点からの方法です。ホワイトカラーで知識労働を行う「広義のものづくり」を扱っている内平（2010）においてもこの方法に沿ったものとなっています。ところが，技術サイクルが短い期間で変化し続けてきたIT業界SE職においては，最新の技術に関する知識は若手層が既に有しており，プロジェクト型組織でビジネスをしていることから，時代や技術が変化しても有益な経験知が期待されています。このような職種においては，有益な経験知か否かを判断できるのは，経営層でも，送り手であるベテラン層でもなく，受け手である次世代層ならば可能であろうと考え，次世代層の観点から有益な経験知の種類と特徴を明らかにしているものです。次世代層から尋ねられて有益であると気づく経験知も有ることから組織的には潜在的な知があることも明示しています。

4．経験知移転の測定項目

　知の移転においては，経験知の種類，伝え方と受け取り方，学びへの経験知の寄与，知の移転の阻害要因，対話場という5者が関わることを先行研究レビューから想定しています。そして，ナレッジ・マネジメント活動を実践してきている企業を対象とし，受け取った立場の次世代層と伝えた立場のベテラン層の双方から知の移転ケースをアンケートし，その両者の回答を比較するという独自の方法を用いて，双方の認識の差異から知の移転における関係を示しています。このことから，5者が関わる関係の測定項目は今後も利用可能です。ただし，これで充分であるかまでは言及できていません。

5．経験知理解と対話場や熟達度との関係

　ネット環境が普及し，次世代層とベテラン層が対話する場としてオンライン
で対話する方式が可能となっていますが，この方式は会議室などで直接対面よ
りも，伝える側が意図して用いた方法と受け取る側が認識する方法の認識に差
異が生じやすいこと，次世代層の熟達度（第2段階と第3段階）によっても
「状況認識や解釈」，「分析や原因推測」，「視点や考え方」などの学びへの寄与
に差異があることを明らかにしています。これらは，暗黙知を理解する程度に
熟達するまで入社10年かかるという先行研究に相当します。ただし，熟達度
との関係を示すものであり，熟達化との関係は触れていません。

6．ベテラン層による知の協創モデル

　ベテラン層によるアサーティブな助言を用いたコーチング手法により，相互
信頼関係にある間柄であれば，暗黙知を移転させることが実際に可能であるこ
とを示しています。形式知化を経ないで受け渡す方法ですが，平均約18歳離
れた次世代層に移転されていることから組織的には知は継承されていることに

図11-1　世代間の知を継承する協創モデル（再掲）

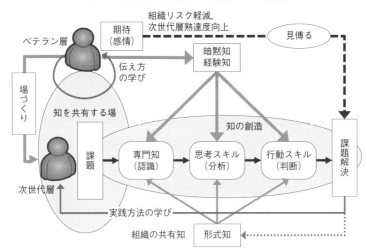

注：植木ほか（2011：131ページ）との類似性を応用。
出典：筆者作成。

なります。これを踏まえて，技術サイクルの短い職種において，大半がベテラン層に内在したままの組織的には暗黙知となっている経験知を次世代層に移転し結果として世代間で知を継承するための協創モデルを示しています（図11-1）。ベテラン層から見れば，すべて当たり前の結論かもしれませんが，集めたデータから実証的に導き出したモデルとなります。

第3節　実務への応用

　本書は短いサイクルで技術が変化するために，役に立たなくなっているのではないかと思われている経験知が有効活用できる可能性を明らかにしようとするものです。それは経験知という人才に着目することでベテラン層の存在価値も明らかにできるのではないかと考えています。その人才である経験知の価値を理解できるのは，経営層でも知の送り手であるベテラン層でも無く，知の受け手である次世代層ではないかと考えるものです。その結果，**技術が短いサイクルで変化している職種においては，経験知は継承するものではなく，ベテラン層と協業しながら次世代層がオンデマンドで経験知を受け取る"知の協創"（図11-1）によって次世代層に受け取られてゆくことも可能であることを本書は示しています**。そこで，本節ではこのモデルを活用する上での要点について筆者の考えを述べます。

1．有益な経験知
　有益な経験知とは第2章第5節「多様な意見」において経営者A氏が述べている「時代や技術が変化しても有益な技術系と人間系にまたがる領域のマネジメントと人間力についての知見」であり，その傾向は表11-1「次世代層がベテラン層から受けた経験知の種類」で示されています。つまり，古い経験知であっても次世代層の役に立つ知であり，ベテランに内在したままの個人知となって組織的には暗黙知となっている，表出化・形式知が難しい知であっても，ベテラン層と次世代層が対話する方法ならば知の移転が可能と考えられます。そこで，次世代層からのオンデマンドでの課題解決を支援する"知の協創"を行える取り組みを組織的に実践できれば，企業の技術力維持向上に必要

となる知を組織的に継承できるようになると考えられます。オンデマンドによる知の移転は次世代層からはタイパ（タイム・パフォーマンス）であり，業務の効率化になるかもしれません。そして，この知を有するベテラン層の存在価値を示すものです。ただし，「DX 時代でも過去の経験知は有益である」（表9-6 参照）とシニア層自身は考えてはいても，実際に適用できるかはこれからの課題となります。

2．対話場や伝え方の工夫

　次世代層が知を受け取ることは可能ですが，送り手が意図して用いた伝え方と受け手が認識している受け取り方には差異が生じやすい点があることから，どのようなコーチング技法を用いているのかを伝えることも必要かもしれません。単に一緒に業務を遂行しているだけでは有益な経験知は十分伝わっていない可能性があります。そのため，伝える側のベテラン層はいくつかの点に留意する必要があります。まず，ベテラン層は次世代層とのお互いの信頼関係を構築しておく必要があり，次に，どのような問題解決に寄与する知を伝えるかによって対話する場を使い分ける必要がありそうです。ただし，行動スキルは次世代層が自ら習得するスキルだから，必ずしも伝えなくても良さそうです。

3．次世代層とのマッチングの工夫

　「どのような経験知を誰が有しているのかわからず，顔の見えない相手にいきなり聞けない」（第 2 章第 5 節）という次世代層からの意見があり，経験知とそれを有するベテラン層の見える化が求められます。このマッチングを実践するためには，ベテラン層は自ら有する有益な知を意識した上で，少なくとも概要程度はコード化（形式知化）し，組織的にそれを次世代層に開示しておく必要がありそうです。組織においては，知を必要とする次世代層とマッチングする仕組みや対話を実践するための場づくりなどは組織的なルール化や制度化も必要と考えられます。

　ただし，シニア層は過去にも相談窓口を開設するなどそれなりの工夫をしていたにも関わらずなかなか浸透していなかった（第 2 章第 5 節）ことから，気軽に相談できることを組織的に周知する必要が有りそうです。相談内容は各社

の守秘義務の内規に沿うことは当然のことと考えます。

4．知的労働力としてのシニア層の活用

　ベテラン層が有する経験知は次世代層が抱える課題対処に寄与でき，内省支援と業務支援を通して企業の技術力維持に貢献する価値を有しています。このような「課題解決支援」によるオンデマンドでの"知の協創"スタイル（図11-1）はベテラン層の雇用期間が延びていることによって可能となってきた新たなモデルです。そして，企業における技術力の維持・向上とイノベーションに関わる知の創造を可能とする方法であり，これからも増え続けるダイバーシティとしてのシニア層を知的労働戦力として活用する可能性を経営層に提示するものです。この方法は OJT でも Off-JT でもなく，寄り添う OJT と称するような新たな人材育成の方法なのかもしれません。

　なお，このような傾向が示せるのは，A 社 SE 部門がシニア層を組織化して「シニアとして自立しろ」という施策を開始したことで，シニア層が自らお互いに対話しながら悩んで工夫を始めたことが背景にあります。まずはシニア層に対して高齢者雇用問題に対する対策を施し，次世代層に向き合うコーチングなどのスキルを再獲得させた上で，シニア層は自らの実践経験を振り返り，次世代層から求められる知を整理する時間と機会が必要と考えられます。経営層や人材育成に関わる方は，どのような潜在的な知の活用が可能なのか，JOBとしてシニア層チームに与えて検討させ，それが職場に適しているかを次世代層に評価させると良いと考えられます。その際に，モチベーション向上に繋がるよう仕事ぶりを適切に評価する人事制度も必要となります。なお，ベテラン層は必ずしも互酬性規範では行動してはいないことから，知を受け取る側から「名誉」が与えるような仕組みも選択肢ではないでしょうか。すなわち，役職定年や生涯現役などとは異なる，人材としてのシニア層の経験知を経営リソースとして再認識し，企業内における世代としてのシニア層との協業に適した役割定義をし直すのが良いのではないでしょうか。なお，個人に内在しているシニア層の経験知を次のシニア層が引き継ぐという方法は難しいようです。

5．これからシニア層になる年代の方々へ

経験知の自覚

　自身がどのような経験知を有しているかを次世代層に示せること，または積極的に次世代層が抱える問題解決の支援に関わることが自身の存在価値につながるようです。そのためには自らの経験知の価値を自覚し，シニア層になる前からベテラン層同士での対話を通して経験知を活かす新たな方策を見いだすことが肝要と考えられます。ベテランは長く生きてきた分だけ引き出しが多く，その引き出しには業務上の専門知識に限らず，趣味や，人生経験などのあらゆる種類の"知"が該当すると考えられます。自分はどんな引き出しを持っているか棚卸し，引き出しの中身を点検しておくと良いでしょう。

スキルのアップデート

　リスキリングして新たな技術領域のスキルを習得するという考え方も有りますが，ベテラン層が特定技術分野の専門家であるならば，その専門技術に関する経験知を今の時代の技術に追随するためにアップデートしておく必要があります。つまり，錆びついているものは磨きなおしておけば良いのではないでしょうか。このアップデートには，今直面している課題のコンテキストに応じてテーラリングし，次世代層が理解できるよう説明するスキルも含まれます。つまり，次世代層とのコミュニケーションのために．ネット社会に適した対話ツールへの習熟などはリスキリングしておく必要がありそうです。そうすれば，いつでも，余裕を持って，オンデマンドで，適切な引き出しから適切な知を取り出してきて，有している傾聴などのコーチング技法を活かして，サーバント・リーダーシップで次世代層と接するような振る舞いに留意すれば，専門家としての存在価値を示せるでしょう。

信頼関係の構築

　信頼される相手であると認識されていない場合は次世代層から経験知を聞かれることは無さそうです。「お互いの信頼関係」を築いておくには普段からの振る舞いなどに留意し，気軽に相談できるかわいい上司になっている必要が有りそうです。そうすれば，サーバント・リーダーシップを発揮してフォロワー

シップで現役世代に向き合えば良いことになります。ただし，ベテランと次世代層がコンテキストを共有していることが前提なので，他社へ転出している場合，対話は容易ではないかもしれません。社内であっても文化の異なる職場でキャリアアップしてきた経験は有るはずなので，社外であっても時間を掛ければ慣れることはできると考えます。

挑戦する気持ち

　早期退職して IT コンサルとしてスタートアップ企業に転身した筆者の知人（50 代）からの報告です。

　「今の会社では，20 代〜30 代の若手と私のようなオジサンが一緒になってプロジェクトを進めています。プロジェクトは AI とか DX などの最新のテーマなので，オジサンも答えを持っているわけではありません。技術的には若手の方が詳しいことも多いですが，オジサンは長年の勘と経験を駆使してプロジェクトに貢献できることも多々あります。若手とオジサンがいい具合にコラボして，新しい知識を生み出している，まさにこの『シニアと若手の"知の協創"による継承モデル』を日々実践しています。今の会社は数十人程度ですが，若手とオジサンの組み合わせも悪くないなと思うようになっています」。

　このように，プロジェクト・メンバーとして自ら手を動かし，過去の成功体験に執着せず新しいテーマにどんどん挑戦する気持ちの若さも必要と考えられます。この例は，経営者 C 氏の発言を肯定しているものであり，筆者としてはこのような事例が増えてゆくことを期待しています。

第 4 節　本書の限界

　本書は，技術サイクルの短い職種においても，ベテラン層に内在したままになっていて組織的には暗黙知となっている，人材としての経験知の中にも企業の競争力維持・向上のために必要となる有益な経験知が存在していること，お

よび，その経験知を有するベテラン層の価値を示すものですが，以下のような
点については言及できていません。

　上位者としての熟達度第4段階のベテラン層が有する経験知を，熟達度第3
段階および第2段階の次世代層が受け取ることで内省支援や業務支援につなが
り，課題解決のための"知の協創"に寄与することを示したものです。結果と
して次世代層は行動変容を経て熟達してゆくと考えられますが，熟達の段階
アップに至る関係を示したものではありません。

　経験知が実践によって獲得される知であることから個人に依存する傾向があ
ります。そのため，次世代層個人の学びが存在論的レベルでどのようにグルー
プや組織に展開して組織的蓄積に至るのかについては言及できていません。また，ベテラン層と次世代層の当人同士の自発性に任せたままで組織的な蓄積が
可能なのかについては言及できていません。

　SE職を広義のものづくりに関わる知的労働を行う新興の専門職でありホワ
イトカラーに属する職種と位置づけており，類似する職種の技術分野の知の移
転に応用できると考えられます。ただし，どの範囲まで可能かという観点まで
は述べていません。また経験知の大半を構成する暗黙知は組織文化に深く根ざ
していることから本書の内容をそのまま適用できるものではありません。

　本書の対象としているSE職の組織はこれまではメンバーシップ型雇用の組
織です。目標評価制度の一環で次世代育成というミッションがシニア層に与え
られてはいますが，シニア層の役割と評価が組織全体に周知されるには至って
いない実情が有ります。したがって，すべての意見をインタビュー出来ている
訳ではなく，さらに多くのデータによる明確化が必要と考えられます。また，
今後普及するであろうJOB型雇用への応用までは示せていません。

　本書は組織全体に対してのサーベイではないため，回答数が多いとは言え
ず，また自発的な任意回答となっています。依頼を受けたことを承知したにも
関わらず，第1ステップでは12名の次世代層から回答を得られていません。
多忙やアンケートについての主旨説明不足やシニア層との関わりが無いという
理由の他に，「普段から会話していろいろ教えてもらっているけど経験知と言
われてもわからない」という口頭返答を数名から得ています。ベテランを頼る
ことが常態化していて業務の中で経験知を受け取っているという意識が薄いよ

うです。それでも，普段の業務の中に組み込まれており，ベテランの貢献とし
ては充分果たしているはずなので，これらのデータも採取できるはずです。ま
た，次世代層が経験知を受けたベテラン層 30 名の内 14 名については既に退職
していたためペア回答を得ることができていません。これは次世代者が，若い
時代に薫陶を受けた先輩の方が印象に残っていることを示しています。つま
り，経験知を必要としている世代は本書が扱っている世代よりも年齢的に若い
世代なのかもしれないのですが，これらは明らかにできていません。

　本書は企業内に留まってこれまでの恩返しをしようとしているベテラン層
（特にシニア層）を対象としています。有益な知の種類と伝え方からベテラン
層の存在価値を示せたことで，他社へ転出する場合でも応用できるものと考え
ていますが，実際にその検証までは示せていません。

第 5 節　今後の課題

　ベテラン層（特にシニア層）の活用は少子高齢化の時代に重要となります。
形式知化するだけではなく，いかに次世代層に寄り添って，複雑かつ難しい判
断などが必要なときに多面的に知を使って，リスク回避や問題解決を支援する
ことがベテラン層に求められるのではないかと考えます。本書はその可能性の
一部を提示しているものですが，まだ多くの研究課題が有ると考えられます。

対話場としてのネットの効果

　本書においてもネット環境を用いての対話場が一定程度普及していることは
示せたことから，ネットを活用しての暗黙知の移転は可能と考えられます。特
に COVID19 の影響もあって，2020 年から本格的なテレワークが普及し始めて
おり，映像対話がいつでも可能となっています。ただし，本書対象の A 社に対
して「暗黙知を得る場が消え去ろうとしている」（Gratton, 2021）という指摘
がなされており，その影響およびどの範囲は移転が可能で，どの範囲からは無
理があるのかについてはこれからの研究課題と考えます。筆者の私見では，経
験知は身振りや表情などや共感を示す態度などは限界が有りそうです。また，
チーム内のネット会話は全く支障無いと考えられるのですが，隣のチームとの

対話が減るリスクが有るように感じられています。これからのネット・ネイティブな若い世代にベテラン層が習熟して追いつくことも必要でしょう。

時間的な対話の経過分析

　第 10 章第 1 節「伝え方と受け取り方の差異の傾向」において，複数回の対話が行われていることが判明していますが，本書では何回対話が繰り返されたのかなどの時間的な経過までは追えていません。Szulanski（2000）で用いているステージ（開始，実装，活用，統合）などの時間的な経過の関係は今後の研究課題と考えられます。

人才活用

　定年延長によるシニア層の増加による経験知（暗黙知）移転の新たな方法を示すことはできていますが，そのシニア層の雇用期間が数年伸びただけであり，シニア層はいずれ離職することとなります。そのため期間が長いとは言えません。第 7 章第 4 節「ベテラン経験知の残し方」に記載しているとおり，何らかの表出化も求められています。また，有益な経験知を有していることは示せていますが，これらを経営施策としてどのように人才活用するのかはまだまだ研究途上と考えます。特に，実務へのテーラリングについては人財育成観点での検討が必要と考えられます。

類似する職種への適用

　SE 職は「広義のものづくりに関わる知的労働を行う新興の専門職でありホワイトカラーに属する」職種であることから，第 2 節で述べているとおり，SE 職以外の類似する職種へも適用できる可能性がありますが，どの範囲の職種に適用可能かについては本書では言及できていません。技術サイクルが短いことから形式知化したとしてもそれが次の技術で適用できるか否かがわからない，プロジェクト型組織でビジネスをしていることから常にコンテキストが変化している，という特徴を有する職種，たとえば技術営業やサービス的なビジネスを行っている職種にも応用できるかもしれません。ただし，ベテラン層が責任を持って徒弟制で次世代層を育成する職種では適用できない，という意見

もいただいています。

年長の先輩を使いこなす方法とは？

　本書に関わる調査を通しての筆者としての所感が 1 つあります。それは，年長の先輩を使いこなす方法を知っている人は誰もいないのではないか，というものです。年長の部下をマネジメントすることは職場では通常に行われてはいますが，元上司とか元先輩とかの年長のベテラン層とどのような関わりを持ったら良いのでしょうか？　それとも，煙たい存在なのでしょうか？　それをベテラン層の側から意図して払拭するような取り組みも必要なのだと考えられます。

暗黙知を表出化（コード化）する案

　表 7-11「ベテラン経験知の残し方」のとおり，できる範囲では形式化する努力をすべき，という意見が有ります。また，次世代層はどのようなベテランがいて，そのベテランがどのような "知" を有しているのかを知る機会が無いことも指摘しています。つまり，"知" を有するベテラン層と "知" を必要としている次世代層をマッチングするためには，予め概要程度の暗黙知を表出化しておく必要があります。

　ビジネス文書では表出化に限界があり，なかなか難しかったからベテラン層に内在したままになっています。そのため，コンテキストやその人の思いや信念が伝わるような暗黙知の表出化方法が今後の継続課題として残されています。1 つの方法として，「物語」（ナラティブ）にすると良いと一般的には考えられていますが，この方法は誰でも物語形式で文章を書ける訳ではなく，また，どうしても教科書的になってしまいます。

　以下は，本書における研究を経た結果としての筆者の私案であり，研究途上のものです。どのように考え，どのように悩み，何を根拠にして，どのような判断基準で，何を優先する判断を，いつの時点で行い，それをどのように周囲の人と対話したのか，という経験知をコード化する方法として「手紙」形式なら可能なのではないでしょうか。ヒントは『ビジネスマンの父より息子への 30 通の手紙』（Ward, 1987, 和訳 1987）です。

　手紙形式の"知"を読んだとしても次世代層が抱える課題へのテーラリングはできませんが，私信なので「想い」やどう考え判断してきたかについての「考え方」が自由に書けます。また，語りかける書き方なので「ナラティブ」（物語り）よりは簡易であり，押しつけ目線にはなっていない特徴があります。「○○ジョブの後任者へ」という手紙の中でどのような変遷を経てきたかという来歴を残せば同じようなことが起こることを後任が防止できるかもしれません。また「こんな時は○○すべからず」というような転ばぬ先の杖，「○○に悩んだ時に私はこうしてきた」という手紙で語れば次世代層はプロジェクト課題解決に向けたヒントが得られるかもしれません。これらにはビジネス文書ではコード化されてこなかった"知"が含まれています。

　この「手紙」方式はどのようなベテラン層がどのような"知"を有しているのかを知るためのマッチングの仕組みに活用できます。そして，このような手紙を次世代層がいつでも参照できるようにしておくことでしょう。もしその手紙を書いたベテランに直接相談してみたい時には連絡を付けられるようにしておけば良いでしょう。手紙形式のコンテンツや相談への対応のベテラン層へのフィードバックは名誉という報酬も選択肢となります。手紙形式は自由に書けるので文章が長くなる傾向があって読みにくいという欠点がありますが，AIを用いて相談事に対して大勢の"知"から助言できる仕組みが作れるのではないでしょうか。1人ひとりのシニア層が「手紙」方式で経験知を残しておけば，「将来必要になるかもしれない知」である「伝えたけれども異なる解釈をされた」と「伝わらなかった知」も残しておくこともできるかもしれません。

　ただし，今のベテラン層にとっては「手紙」という書き方は馴染みがありますが，ネット・ネイティブな次世代層には用語やツールとしては通用しそうにありません。「助言メモ」とか「チャット」とか SNS ツールとか動画映像を用いる必要があると考えられます。または，ベテラン層自らは有益とは思わず，次世代層から尋ねられて有益であると気づくような組織的に潜在的な知が存在していることから，次世代層からの多数の相談をコード化してベテラン層をインタビューする AI が作れるのではないでしょうか。このインタビュー方式ならば，インタビューする側のスキルには依存せず，ベテラン層から経験知を聞き出して，発言をコード化し，知として整理することは実現可能なのではない

かと期待しています。

あとがき

　本書は技術サイクルの短い職種において，有益か否かわからない経験知であっても「時代や技術が変化しても有益な技術系と人間系にまたがる領域のマネジメントと人間力についての知見」ならば，次世代層から必要とされているのではないか，という仮説に沿って，実務家としての筆者の知見を知識科学（ナレッジ・マネジメント）の観点から経験知の特徴と，その知を有するベテラン層の存在価値を明らかにすることを目指したものです。北陸先端科学技術大学院大学で7年半にわたりご指導をいただきました主指導教員内平直志教授をはじめ，神田陽治教授，伊藤泰信教授，白肌邦生教授，遠山亮子客員教授（中央大学大学院教授）などの多くの先生方からのご指導のおかげと感謝しています。また，日本ナレッジ・マネジメント学会の皆様，特に知の創造研究部会長植木英雄教授，および本書の出版にあたって廣瀬守克氏（技術士），村本徹也氏（博士），大崎榮佐氏など多くの皆様のご支援をいただきましたことにお礼申し上げます。

　本書は長年のナレッジ・マネジメント活動を通して筆者の実務的な学びを整理し論証することを目指したものです。経験知というテーマはこれからの日本社会にとっても重要であり，実務家かつベテラン層だからこそ扱えるテーマです。これを理解いただき，研究目的で使用することを条件にアンケートやインタビューにご協力いただいた多くの皆様にも感謝しています。その皆様に実務に役立てていただきたいという想いを抱きながら充分なフィードバックができないままとなっていましたので，研究書としてお届けするものです。事後にはなりますが，ご理解とご了解をいただきたくお願いする次第です。

　本書は暗黙知であることからコード化・言語化されにくいベテラン層の経験知を，次世代層との協働によってクリエイティブな"知の協創"を生み出せることを示せたことに意義があると考えています。このことは，ベテラン層に対して生き甲斐を提示すると共に，企業における経営リソースとしての人材であ

る"知"の活用の可能性を提示できるものと考えます。特に，生成 AI が話題
となっている今日においても，コード化が難しい暗黙知（経験知）をベテラン
層から次世代層に継承することに留まらず，課題解決に協働で取り組み，知の
共創によって価値創造のイノベーション創発を促す契機に貢献できうるものと
考えています。つまり，伝わらなかった知や次世代層から聞かれなかったこと
で継承されなかった経験知（暗黙知）であっても，形式にこだわらないコード
化をしておけば必要になった時点で見つけ出すことが可能になるのではないで
しょうか。残念ながら本書ではその可能性を示唆する所までとなっています。
また JOB 型雇用におけるシニア層の明確な役割定義によって，より確実な知
の移転と協創が可能になるものと考えられます。

　これらは実務家だから追求できる研究テーマであり，本書に賛同または反論
し，新たな観点でさらなる研究を継続していただける実務家の登場を強く期待
しています。

参考文献

Arnold, J. A., Arad, S., Rhoades, J. A. and F. Drasgow (2000), "The empowering leadership questionnaire: The construction and validation of a new scale for measuring leader behaviors," *Journal of Organizational Behavior*, 21 (3): 249-269.

Argote, L. and P. Ingram (2000), "Knowledge transfer: A basis for competitive advantage in firms," Organizational behavior and Human Decision Processes, 82 (1): 150-169.

Argote, L. and E. Fahrenkopf (2016), "Knowledge transfer in organizations: The roles of members, tasks, tools, and networks," Organizational Behavior and Human Decision Processes, 136: 146-159.

Balda, anis Fernando Mora (2011), "Adapting leadership theory and practice for the networked, millennial generation," *Journal of Leadership Studies*, 5 (3): 13-24.

Bender, S. and A. Fish (2000), "The transfer of knowledge and the retention of expertise: the continuing need for global assignments," Journal of knowledge management, 4 (2): 125-137.

Berg, P. and M. Piszczek (2018), "Retirement-proof your company," *Harvard Business Review*. (辻仁子訳「優秀なベテラン社員の退職リスクを抑える方法」『DIAMOND ハーバード・ビジネス・レビュー』2019 年 4 月号，48-53 ページ。)

Blumenberg, S. B., Wagner, H. T. and D. Beimborn (2009), "Knowledge transfer processes in IT outsourcing relationships and their impact on shared knowledge and outsourcing performance," *International Journal of Information Management*, 29 (5): 342-352.

Bourini, I. (2021), "The effect of supportive leader of employees' absorptive capacity towards innovative behavior," *International Journal of Innovation Management*, 25 (1): 1-25.

Calo, Thimas J. (2008), "Talent management in the era of the aging workforce: The critical role of knowledge transfer," *Public Personnel Management*, 37 (4): 403-416.

Cavusgil, S. Tamer, Calantone, R. J. and Y. Zhao (2003), "Tacit knowledge transfer and firm innovation capability," *Journal of business & industrial marketing*, 18 (1): 6-21.

Cennamo, L. and D. Gardner (2018), "Generational differences in work values, outcomes and person-organisation values fit," *Journal of Managerial Psychology*, 23 (8): 891-906.

Pink, Daniel H. (2010), *Drive*. (大前研一訳『モチベーション 3.0　持続する「やる気！」をいかに引き出すか』講談社，2015 年。)

Davenport, T. H. and L. Prusak (1998), *Working knowledge: How Organizations Manage What They Know*, Boston: Harvard Business School Press. (梅本勝博訳『ワーキングナレッジ「知」を活かす経営』生産性出版，2000 年。)

Davenport, T. H. (2005), *Thinking for a Living: How to Get Better Performance and Results from Knowledge Workers*, Harvard Business School Press. (藤堂圭太訳『ナレッジワーカー――知識労働者の実力を引き出す経営―』ランダムハウス講談社，2006 年。)

Denrell, J. (2005), "Selection Bias and the Perils of Benchmarking," *Harvard Business Review*. (西尚久訳「選択バイアスの罠」『DIAMOND ハーバード・ビジネス・レビュー』2005 年 7 月号。)

Dixon, N. M. (2000), *Common knowledge: How Companies Thrive by Sharing What They Know*.

（梅本勝博・遠藤温・末永聡訳『ナレッジ・マネジメント5つの方法―課題解決のための「知」の共有』生産性出版，2003年。）

Farnese, M. L., Chirumbolo, B. A. and G. Patriotta (2019), "Managing knowledge in Organizations: A Nonaka's SECI Model Operationalization," *Frontiers in Psychology*, 10: 2730.

Garrick, J. and A. Chan (2017), "Knowledge management and professional experience: the uneasy dynamics between tacit knowledge and performativity in organizations," *Journal of Knowledge Management*, 21 (4): 872–884.

Gehman, J., Glaser, V. L., Eisenhardt, K. M., Gioia, D., Langley, A. and K. G. Corley (2018), "Finding theory-method fit: A comparison of three qualitative approaches to theory building," Journal of Management Inquiry, 27 (3): 284-300.

Gellner, U. B., Schneider, M. R. and S. Veen (2011), "Effect of workforce age on quantitative and qualitative organizational performance: Conceptual framework and case study evidence," *Organization Studies*, 32 (8): 1103-1121.

Gratton, Lynda (2021),「暗黙知を得る場が消え去ろうとしている」https://courrier.jp/news/archives/248607/

Greenleaf, R. K (1977), Servant Leadership. （金井壽宏・金井真弓訳『サーバント・リーダーシップ』英治出版，2008年。）

Irving, P. (2018), "When No one retires," *Harvard Business Review*. （有賀裕子訳「シニア世代を競争力の源泉に変える」『DIAMOND ハーバード・ビジネス・レビュー』2019年4月号，24-35ページ。）

Isabel, R. D., David, M. R. and C. C. Gabriel (2021), "The effect of servant leadership on employee outcomes: does endogeneity matter?," *Quality & Quantity*: 1-19.

Jensen, R. and G. Szulanski (2004), "Stickiness and the adaptation of organizational practices in cross-border knowledge transfers," *Journal of International Business Studies*, 35 (6): 508-523.

Jensen, R. and G. Szulanski (2006), "Presumptive adaptation and the effectiveness of knowledge transfer," *Strategic Management Journal*, 27 (10): 937-957.

Joe, C., Yoong, P. and K. Patel (2013), "Knowledge loss when older experts leave knowledge-intensive organisations," *Journal of Knowledge Management*, 17 (6): 913-927.

Joia, L. A. and B. Lemos (2010), "Relevant factors for tacit knowledge transfer within organisations," Journal of Knowledge Management, 14 (3): 410-427.

Katz, R. I. (1955), "Skills of an Effective Administrator," *Harvard Business Review*, 33 (1): 33-42.

Kodama, M. (2019), "Business innovation through holistic leadership-developing organizational adaptability," *Systems Research and Behavioral Science*, 36 (4): 365-394.

Kuckartz, Udo (2002), Qualitative Text Analysis: A Guide to Methods, Practice and Using Software. （佐藤郁哉訳『質的テキスト分析法：基本原理・分析技法・ソフトウェア』新曜社，2018年。）

Leonard, D. and W. C. Swap (2005), *Deep Smarts: How to Cultivate and Transfer Enduring Business Wisdom*, Harvard Business Press. （池村千秋訳『「経験知」を伝える技術』ダイヤモンド社，2013年。）

Levy, M. (2011), "Knowledge retention: minimizing organizational business loss," *Journal of Knowledge Management*, 15 (4): 582-600.

Lyotard, J. F. (1986), *The Postmodern Condition: A Report on Knowledge (Vol. 10)*, U of Minnesota Press. （小林康夫訳『ポスト・モダンの条件―知・社会・言語ゲーム』水声社，1986年。）

Martins, E. C. and N. Martins (2011), "The role of organisational factors in combating tacit knowledge loss in organisations," *Southern African Business Review*, 15 (1).

McGrath, R. G. (2013), *The End of Competitive Advantage: How to Keep Your Strategy Moving as Fast as Your Business*, Harvard Business Review Press. (鬼澤忍訳『競争優位の終焉』日本経済新聞出版社 2014 年。)

McManus, D. J., Wilson, L. T. and C. A. Snyder (2003), "Assessing the business value of knowledge retention projects: results of four case studies," *Decision Support in an Uncertain and Complex World: The IFIP TC8/WG8.3 International Conference 2004*: 514–518.

Morar, C. and P. Yoong (2015), "A stage model of knowledge retention and the departing older expert," *Proceedings of 4th European Business Research Conference*: 1–15.

Muthuveloo, R., Shanmugam, N. and A. P. Teoh (2017), "The impact of tacit knowledge management on organizational performance: *Evidence from Malaysia,*" *Asia Pacific Management Review*, 22 (4): 192–201.

Nonaka, I., Hirose, A. and Y. Takeda (2016), "'Meso'-foundations of dynamic capabilities: Team-level synthesis and distributed leadership as the source of dynamic creativity," *Global Strategy Journal*, 6 (3): 168–182.

Nonaka, I. and N. Konno (1998), "The concept of "Ba": Building a foundation for knowledge creation," *California Management Review*, 40 (3): 40–54.

Nonaka, I., Konno, N. and R. Toyama (2001), "*Emergence of "ba,*" *Knowledge Emergence: Social, Technical, and Evolutionary Dimensions of Knowledge Creation*, Oxford University Press, New York: 24–40.

Nonaka, I. and H. Takeuchi (1995), *The Knowledge Creating Company*, New York: Oxford University Press. (梅本勝博訳『知識創造企業』1996 年；『知識創造企業　新装版』2020 年，東洋経済新報社。)

Nonaka, I. and R. Toyama (2002), "A firm as a dialectical being: towards a dynamic theory of a firm," *Industrial and Corporate Change*, 11 (5): 995–1009.

Nonaka, I. and R. Toyama (2003), "The knowledge-creating theory revisited: knowledge creation as a synthesizing process," *Knowledge Management Research & Practice*, 1: 2–10.

Nonaka, I. and R. Toyama (2007), "Strategic management as distributed practical wisdom (phronesis)," *Industrial and Corporate Change*, 16 (3): 371–394.

Nonaka, I., Toyama, R. and T. Hirata (2008), *Managing Flow: A Process Theory of the Knowledge-based Firm*, Springer.

Nonaka, I., Toyama, R. and N. Konno (2000), "SECI, Ba and leadership: a unified model of dynamic knowledge creation," *Long Range Planning*, 33 (1): 5–34.

Nonaka, I. and G. Von Krogh (2009), "Perspective-Tacit knowledge and knowledge conversion: Controversy and advancement in organizational knowledge creation theory," Organization Science, 20 (3): 635–652.

Nonaka, I., Von Krogh, G. and S. Voelpel (2006), "Organizational knowledge creation theory: Evolutionary paths and future advances," *Organization Studies*, 27 (8): 1179–1208.

Oladapo, V. (2014), "The impact of talent management on retention," *Journal of Business Studies Quarterly*, 5 (3): 19–36.

Paulin, D. and K. Suneson (2015), "Knowledge transfer, knowledge sharing and knowledge barriers-three blurry terms in KM," *The Electronic Journal of Knowledge Management*, 10 (1): 81–91.

Phong, L. B., Hui, L. and T. T. Son (2018), "How leadership and trust in leaders foster employees' behavior toward knowledge sharing," *Social Behavior and Personality*, 46 (5): 705-720.

Polanyi, M. (1967), *The Tacit Dimension*, Doubleday & Company. (高橋勇夫訳『暗黙知の次元』筑摩書房，2003 年。)

Rai, R. and A. Prakash (2012), "A relational perspective to knowledge creation: Role of servant leadership," *Journal of Leadership Studies*, Vol. 6, No. 2, pp. 61-85.

Rihoux, B. and C. C. Ragin (2009), *Configurational Comparative Method: Qualitative Comparative Analysis (QCA) and Related Techniques*, Sage Publications. (訳『質的比較分析 (QCA) と関連手法入門』晃洋書房。)

Sabri, S. M., Haron, H., Jamil, N. and E. N. M. Ibrahim (2014), "A Conceptual Review on Technological Intergenerational Knowledge Transfer," *Journal of Computers*, 9 (3): 654-667.

Schmitt, A., Borzillo, S. and G. Probst (2012), "Don't let knowledge walk away: Knowledge retention during employee downsizing," *Management Learning*, 43 (1): 53-74.

Schetagne, S. (2001), "Building bridges across generations in the workplace," Canadian Council on Social Development: 1-30.

Sial, A., Zulfiqar, S., Ali Kousar, S. W. and S. Habid (2014), "Impact of servant leadership on knowledge sharing intensions among employees (study of higher education commission of Pakistan)," *European Journal of Business and Innovation Research*, Vol. 2, No. 1: 1-11.

Spears, L. C. (2010), "Character and servant leadership: Ten characteristics of effective, caring leaders," *The Journal of Virtues & Leadership*, 1 (1): 25-30.

Stehr, N. and M. T. Adolf (2016), "The price of knowledge," *Social Epistemology*, 30 (5-6): 483-512.

Stehr, N. and A. Ruser (2018), "Knowledge Society, Knowledge Economy and Knowledge Democracy," *Handbook of Cyber-Development, Cyber-Democracy, and Cyber-Defense*, Dordrecht, Springer International Publishing: 475-494.

Stevens, R. H. (2010), "Managing human capital: How to use knowledge management to transfer knowledge in today's multi-generational workforce," *International Business Research*, 3 (3): 77-83.

Szulanski, G. (1996), "Exploring internal stickiness: Impediments to the transfer of best practice within the firm," *Strategic Management Journal*, 17 (S2): 27-43.

Szulanski, G. (2000), "The process of knowledge transfer: A diachronic analysis of stickiness," *Behavior and Human Decision Processes*, 82 (1): 9-27.

Tri, K. D. (2019), "Tacit Knowledge sharing: The evidence of organizational culture and servant leadership effect," *Eurasia: Economics & Business*, 9 (27).

Venkitachalam, K. and P. Busch (2012), "Tacit knowledge: review and possible research directions," *Journal of Knowledge Management*, 16 (2): 357-372.

Von Krogh, G., Nonaka, I. and L. Rechsteiner (2012), "Leadership in organizational knowledge creation: A review and framework," *Journal of Management Studies*, 49 (1): 240-277.

Ward, G. K. (1987), Letters of a Businessman to His Son, IBC PUBLISHING. (城山三郎訳『ビジネスマンの父より息子への 30 通の手紙』新潮社，1987 年。)

Whisnant, B. and O. Khasawneh (2014), "The influence of leadership and trust on the sharing of tacit knowledge: Exploring a path model," *Journal of Business Studies Quarterly*, Vol. 6, No. 2.

Yin, R. K. (1994), Case Study Research, 2/e. (近藤公彦訳『新装版ケース・スタディの方法』千倉書房，1996 年。)

Zaher, D. (2015), "Servant Leadership and the Successful Implementation of Knowledge Management in Organizations," *The JF Oberlin Journal of Business Management Studies*, 5: 39-59.

青木幹喜（2014）「エンパワリング・リーダーシップ」『社会イノベーション研究』9 (2)，1-22 ページ。

青木幹喜（2019）「日本企業のエンパワリング・リーダーシップ」『經營學論集　第89集　日本的経営の現在―日本的経営の何を残し，何を変えるか―』42，1-9 ページ。

東洋（1994）『日本人のしつけと教育：発達の日米比較にもとづいて』東京大学出版会。

有馬教寧（2021）「高齢者の就労と生きがいに関する研究の現状と課題」『日本労務学会誌』21 (3)，92-102 ページ。

池田守男・金井壽宏（2007）『サーバント・リーダーシップ入門』かんき出版。

石川淳（2006）「フォロワーの創造性を促進するリーダーシップ」『応用社会学研究』48，75-89 ページ。

石川淳（2015）「研究開発プロセスのリーダーシップ」『日本労働研究雑誌 July 2015』660，66-86 ページ。

石塚浩（2005）「知識移転を妨げる要因への対応」『情報研究』33，23-34 ページ。

井田淳・梅本勝博（2003）「NPO のナレッジ・マネジメント」『ノンプロフィット・レビュー』3 (1)，37-45 ページ。

一條和生（1998）『バリュー経営：知のマネジメント』東洋経済新報社。

一條和生・徳岡晃一郎（2007）『シャドーワーク：知識創造を促す組織戦略』東洋経済新報社。

稲田勝幸（2007）「2007 年問題と技能伝承―具体的企業調査を通して―」『修道商学』47 (2)，1-54 ページ。

今田高俊（1994）「自己組織性論の射程（自己組織モデルの再検討〈特集〉）」『組織科学』28 (2)，24-36 ページ。

今井むつみ（2010）『ことばと思考』岩波書店。

今井むつみ（2013）『ことばの発達の謎を解く』筑摩書房。

今井むつみ（2016）『学びとは何か：〈探究人〉になるために』岩波書店。

入山章栄（2016）「世界標準の経営理論（第17回）SECI 理論とナレッジ・ベースト・ビュー　世界の経営学に「野中理論」がもたらしたもの」『Harvard Business Review』41 (2)，128-137 ページ。

岩下伸介（1999）「シニアベンチャーに関する考察」『流通経済大学流通情報学部紀要』4 (1)，45-67 ページ。

植木英雄ほか（2013）『経営を革新するナレッジ・マネジメント：ケースに学ぶ実践知の協創』中央経済社。

植木英雄・植木真理子・齋藤雄志・宮下清（2011）『知を創造する経営―日米主要企業の実態の解明―』文眞堂。

上野隆幸（2006）「高齢者の活用と企業パフォーマンス：企業業績に貢献しうる高齢者活用方法の提案」『松本大学研究紀要』4，1-14 ページ。

内田吉宣・鮫島正樹・藤波努・星幸雄・初田賢司・建部清美（2010）「プロジェクトマネジメントにおける経験知抽出方法」『プロジェクトマネジメント学会誌』12 (4)，27-32 ページ。

内田吉宣（2016）「開発プロジェクトにおけるリスク知識の組織内知識移転マネジメント」北陸先端科学技術大学院大学博士認定論文。

内平直志・杉原太郎・井川康夫（2010）「研究開発プロジェクトマネジメントの知識継承」『人工知能学会全国大会論文集　第24回全国大会（2010）』2B23-2B23。

内平直志（2010）「研究開発プロジェクトマネジメントの知識継承」北陸先端科学技術大学院大学博士認定論文。

海上泰生（2017）「シニア世代就業者の満足度を高める雇用形態や条件は何か─高齢者の活躍を促す働き方の探索─」『日本政策金融公庫論集』37，1-27 ページ。

梅本勝博（2003）「ナレッジ・マネジメントのハイブリッド戦略─二項対立を超えて」日本ナレッジ・マネジメント学会編『「型」と「場」のマネジメント』83-102 ページ。

梅本勝博（2006）「ナレッジ・マネジメントの起源と本質」『エコノミスト』84（41），50-53 ページ。

梅本勝博（2008）「ナレッジマネジメントのハイブリッド戦略」日本ナレッジ・マネジメント学会編，83-102 ページ。

梅本勝博・遠藤温（2002）「知的機動力のためのナレッジ・マネジメント」『日本醸造協会誌』97（10），707-710 ページ。

梅本勝博・妹尾大（1996）「情報処理から知識創造へ」『オフィス・オートメーション』16（5），15-16 ページ。

遠藤ひとみ（2011）「わが国のソーシャルビジネスに関する一考察：アクティブシニアの多様な社会参画を中心として」『嘉悦大学研究論集』53（2），45-62 ページ。

遠藤宏（2000）「経営戦略とナレッジマネジメント」『情報管理』43（9），801-808 ページ。

大崎正瑠（2009）「暗黙知を理解する」『東京経済大学人文自然科学論集』127，21-39 ページ。

大崎正瑠（2017）「暗黙知を再吟味する」『東京経済大学人文自然科学論集』140，79-99 ページ。

大迫正弘（2014）「プロジェクト・ナレッジマネジメント体系の構築：プロジェクトマネジメントとナレッジマネジメントの統合」『プロジェクトマネジメント学会研究発表大会予稿集　2014 年度春季』77-82 ページ。

大嶋淳俊（2012）「リーダーシップ継承に関する研究」『経営情報学会　全国研究発表大会要旨集2012 年秋季全国研究発表大会』65-68 ページ。

大島丈史（2019）「ソフトウェア開発プロジェクトの変動マネジメント手法─形式知化と知識継承─」北陸先端科学技術大学院大学博士認定論文。

大谷尚（2019）『質的研究の考え方：研究方法論から SCAT による分析まで』名古屋大学出版会。

大西幹弘（2007a）「暗黙知とは何か：Polanyi の暗黙知」『日本ナレッジ・マネジメント学会東海部会季報』2007 年 Jul，1-7 ページ。

大西幹弘（2007b）「暗黙知とは何か：野中の暗黙知」『日本ナレッジ・マネジメント学会東海部会季報』2007 年 Oct，1-7 ページ。

小口孝司・今井芳昭・楠見孝（2003）『エミネント・ホワイトホワイトカラーへの産業・組織心理学からの提言』北大路書房。

小塩真司（2014）『はじめての共分散構造分析　Amos によるパス解析　第 2 版』東京図書。

小塩真司（2018）『SPSS と Amos による心理・調査データ解析─因子分析・共分散構造分析まで第 3 版』東京図書。

小塩真司（2020）『共分散構造解析　はじめの一歩』アルテ。

小野善生（2012）「暗黙のリーダーシップ理論がフォロワーのリーダーシップ認知に及ぼす影響」『関西大学　商学論集』57（1），1-19 ページ。

金井壽宏（2007）「リーダーシップ物語（ナラティブ）を通じての知識構造」『國民經濟雜誌』195（6），1-23 ページ。

金井壽宏・楠見孝（2012）『実践知　エキスパートの知性』有斐閣。

鎌田雅史・淵上克義（2007）「コーチングリーダーシップがフォロワーに及ぼす効果に関する実験的研究」『岡山大学教育学部研究集録』第 136 号，1 巻，1-11 ページ。

川太・大湾（2020），「Peer Effects on Job Satisfaction from Exposure to Elderly Workers」『*Research*

　　Institute of Economy』経済産業研究所（https://www.rieti.go.jp/jp/publications/dp/20e084.pdf，2022 年 1 月 10 日取得）。

岸学（2012）『SPSS によるやさしい統計学　第 2 版』オーム社。

楠見孝（2002）「類似性と近接性：人間の認知の特徴について」『人工知能学会誌』17（1），2-7 ページ。

楠見孝（2009a）「暗黙知―経験による知恵とは何か」小口孝司・今井芳昭・楠見孝編『仕事のスキル―自分を活かし，職場を変える―』北大路書房。

楠見孝（2009b）「ホワイトカラーの実践知の獲得過程とリソース　知識変換モードと批判的思考態度との関連」『日本認知心理学会発表論文集　日本認知心理学会第 7 回大会』12 ページ。

楠見孝（2011）「ホワイトカラーの実践知の獲得に及ぼす批判的思考態度の影響―省察と知識変換モードとの関連」『日本認知心理学会第 9 回大会論文集』9 ページ。

楠見孝（2012a）「実践知と熟達者とは」金井壽宏・楠見孝編『実践知―エキスパートの知性』有斐閣，3-31 ページ。

楠見孝（2012b）「実践知の獲得　熟達化のメカニズム」金井壽宏・楠見孝編『実践知エキスパートの知性』34-57 ページ。

楠見孝（2014）「ホワイトカラーの熟達化を支える実践知の獲得」『組織科学』48（2），6-15 ページ。

楠見孝（2018）「批判的思考への認知科学からのアプローチ」『認知科学』25（4），461-474 ページ。

楠見孝（2018）「熟達化としての叡智―叡智知識尺度の開発と適用―」『心理学評論』61（3），251-271 ページ。

國藤進（2006）「ナレッジマネジメント：6. ナレッジマネジメントによる"知の共鳴"」『情報処理』47（9），1021-1027 ページ。

國藤進・山口高平（2001）「ナレッジマネジメントと IT（〈特集〉「ナレッジマネジメントとその支援技術」）」『人工知能学会誌』16（1），42-48 ページ。

黒瀬邦夫（1999）「競争力を生み出すナレッジ・マネジメント」『Business Research』900，52-58 ページ。

黒瀬邦夫（1999）「富士通のナレッジ マネジメント富士通のナレッジ マネジメント」『情報処理』40（3），308-311 ページ。

黒瀬邦夫（1999）「ソフト・サービス部門のワークスタイルの変革」『情報処理』40（3），1-4 ページ。

黒瀬邦夫（2001）「事例 2：ナレッジマネジメントとその支援技術（〈特集〉「ナレッジマネジメントとその支援技術」）」『人工知能学会誌』16（1），54-58 ページ。

黒瀬邦夫（2006）「ナレッジマネジメント：3. ナレッジマネジメントの SE 業務への適用」『情報処理』47（6），656-661 ページ。

黒瀬邦夫・野中郁次郎（2005）『富士通の知的「現場」改革』ダイヤモンド社。

経済産業省（2016）『IT 人材の最新動向と将来推計に関する調査結果』経済産業省商務情報政策局（https://www.meti.go.jp/shingikai/economy/daiyoji_sangyo_skill/pdf/001_s02_00.pdf，2022 年 1 月 10 日取得）。

経済産業省（2018）『DX レポート～IT システム「2025 年の崖」の克服と DX の本格的な展開～』経済産業省商務情報政策局（https://www.meti.go.jp/policy/it_policy/dx/DX_report.pdf，2022 年 1 月 10 日取得）。

経済産業省・厚生労働省・文部科学省（2019）『IT 人材需給に関する調査　概要編』経済産業省商務情報政策局（https://www.meti.go.jp/policy/it_policy/jinzai/gaiyou.pdf，2022 年 1 月 10 日取得）。

経済産業省・厚生労働省・文部科学省（2021）『2021 年版ものづくり白書』（https://www.meti.go.jp/report/whitepaper/mono/2021/pdf/all.pdf，2022 年 1 月 10 日取得）。

厚生労働省（2017）『日本の将来推計人口（平成 29 年推計）』社会保障審議会（人口部会）第 19 回社

会保障審議会人口部会（https://www.mhlw.go.jp/stf/shingi2/0000161342.html, 2022 年 1 月 10
　　日資料取得）。

厚生労働省（2020a）『令和 2 年版厚生労働白書』（https://www.mhlw.go.jp/content/000735866.pdf,
　　2022 年 1 月 10 日資料取得）。

厚生労働省（2020b）『令和 2 年度「能力開発基本調査」』（https://www.mhlw.go.jp/stf/houdou/
　　newpage_19368.html, 2022 年 1 月 10 日資料取得）。

小坂満隆（2010）『〈知の成長モデル〉へのアプローチ』社会評論社。

小坂満隆（2017）『第 3 世代のサービスイノベーション』社会評論社。

児玉充（2012）『知識創造のリーダーシップ』中央経済社。

琴坂将広（2018）『経営戦略原論』東洋経済新報社。

小林裕（2000）「人事評価制度」外島裕・田中堅一郎編『産業・組織心理学エッセンシャルズ』ナカ
　　ニシヤ出版, 35-63 ページ。

今野浩一郎（2019）「シニア社員の労働意欲を高める 60 歳以上の戦力化を図り新・日本型雇用の創造
　　を（Wedge Special Report　漂流する部長課長：働きたいシニア, 手放したい企業」『Wedge』
　　31 (6), 21-23 ページ。

紺野登（2005）「ポシビリズムの戦略論」『DIAMOND ハーバード・ビジネス・レビュー』2005 年 7
　　月号。

紺野登（2006）「ナレッジマネジメント：知識資産の経営」『情報処理』47 (10), 1153-1158 ページ。

紺野登・野中郁次郎（2018）『構想力の方法論：ビッグピクチャーを描け』日経 BP 社。

コンピュータソフトウェア協会（2016）『コンピュータソフトウェア業　高齢者雇用推進ガイドライ
　　ン（平成 28 年）』（https://www.jeed.go.jp/elderly/enterprise/guideline/q2k4vk000000ooa1-att/
　　q2k4vk000000ooc3.pdf, 2022 年 1 月 10 日資料取得）。

佐藤郁哉（2008）『質的データ分析法　原理・方法・実践』新曜社。

重田勝介（2014）「反転授業　ICT による教育改革の進展」『情報管理』56 (10), 677-684 ページ。

柴田庄一・遠山仁美（2004）「「暗黙知」の体得と「階層構造」の意義：「創発」の機制と熟達の諸条
　　件をめぐって」『言語文化論集』26 (1), 19-38 ページ。

首相官邸（2016）『ニッポン一億総活躍プラン』（https://www.kantei.go.jp/jp/singi/ichiokusou
　　katsuyaku/pdf/plan1.pdf, 2022 年 1 月 10 日資料取得）。

小豆川裕子・井戸田博樹・中田喜文（2013）「技術者組織における組織的知識創造の影響要因に関す
　　る研究」『経営情報学会　全国研究発表大会要旨集　2013 年秋季全国研究発表大会』73-76 ペー
　　ジ。

情報処理推進機構社会基盤センター（2020）『IT 人材白書 2020』独立行政法人情報処理推進機構。

徐方啓（2012）「野中郁次郎の知識創造理論の形成と発展」『商経学叢』59 (1), 209-222 ページ。

白石弘幸（2009）「組織学習と学習する組織」『金沢大学経済論集』29 (2), 233-261 ページ。

白石弘幸（2010）「知識に関する組織能力と競争優位の研究」『金沢大学経済学経済学経営学系研究叢
　　書』17, 1-302 ページ。

鈴木義之介（2006）「現場における技能伝承に関する研究」北陸先端科学技術大学院大学修士認定論
　　文。

鈴木奨之（2018）「役職定年制の現状に関する考察：シニアマネジメント戦略の観点から」慶応義塾
　　大学大学院経営管理研究科修士学位論文。

瀬川良久・井川康夫（2014）「思考スキルの組織間移転を通じた暗黙知創造のモデル―電子機器受託
　　生産企業の事例研究―」『日本 MOT 学会誌』2, 9-18 ページ。

石林（2006）「企業のナレッジマネジメントのフレームワークに関する理論考察」『中京経営紀要』6,
　　31-42 ページ。

宋娘沃（2008）「団塊世代の退職技術者の技能継承問題」『産業学会研究年報』23，63-77 ページ。

曹璟・近藤高司・鈴木達夫（2008）「IT 産業における団塊世代から若年層技術者への技術伝承問題」『日本経営診断学会全国大会予稿集　日本経営診断学会第 41 回全国大会』132-135 ページ。

総務省（2015）『平成 25 年度情報通信白書』（https://www.soumu.go.jp/johotsusintokei/whitepaper/ja/h25/pdf/25honpen.pdf，2022 年 1 月 10 日資料取得）。

総務省（2018）「【資料 1-1】国立社会保障・人口問題研究所提出資料『2040 年頃までの全国人口見通しと近年の地域間人口移動傾向』」（https://www.soumu.go.jp/main_content/000573853.pdf，https://www.soumu.go.jp/main_sosiki/singi/chihou_seido/singi/02gyosei01_03000176_00006.html，2022 年 1 月 10 日取得）。

DIAMOND ハーバード・ビジネスレビュー編集部（2007）『組織行動論の実学』ダイヤモンド社。

高垣行男（2014）「企業の境界における組織的な知識創造（上）」『駿河台経済論集』23（2），107-125 ページ。

髙橋正成・堀木幸代・刑部真弘（2012）「課題解決に活用できる知識伝承モデル構築に関する研究」『ヒューマンファクターズ』16（2），107-123 ページ。

高柳誠一・小林俊哉（2004）「高齢化・人口減少社会におけるシニア研究者・開発技術者に望まれる役割（人材問題）」『研究・イノベーション学会　年次大会講演要旨集』19，493-496 ページ。

田口由美子（2013）「国内企業の技能伝承の取組みに関する一考察」『湘北紀要』34，177-187 ページ。

竹内規彦（2019）「『シニアの『こころの高齢化』をいかに防ぐか」『DIAMOND ハーバード・ビジネス・レビュー』2019 年 4 月号，73-83 ページ。

田中克昌（2019）『戦略的イノベーション・マネジメント』中央経済社。

樽田泰宜（2018a）「知識・技術・技能の伝承支援に関する考察─言語化と表現化からの関係」『SIG-KST』33（6），1-6 ページ。

樽田泰宜（2018b）「知識・技術・技能の伝承支援に関する考察─伝承に関するフレームとその議論」『SIG-KST』34（04），1-6 ページ。

遠原智文（2018）「2017 年問題と技能継承」『福岡大学商学論叢』62（3），297-314 ページ。

遠山亮子・野中郁次郎（2000）「『よい場』と革新的リーダーシップ」『一橋ビジネスレビュー』48（1-2），4-17 ページ。

戸田俊彦（1995）「企業における高齢者の雇用・活用戦略」『滋賀大学経済学会『彦根論叢』』293，87-110 ページ。

内閣府（2012）「平成 24 年度税制改正（租税特別措置）要望事項　制度名：アクティブシニア学び支援税制」（https://www.cao.go.jp/zei-cho/history/2009-2012/youbou/2012/doc/mext/24y_mext_k_05.pdf，2022 年 1 月 10 日資料取得）

内閣府（2021）『高齢社会白書　令和 3 年版　概要版』内閣府（https://www8.cao.go.jp/kourei/whitepaper/w-2021/gaiyou/03pdf_indexg.html，2022 年 1 月 10 日資料取得）

内閣府（2021）『高齢社会白書　令和 3 年版　全体版』内閣府（https://www8.cao.go.jp/kourei/whitepaper/w-2021/zenbun/03pdf_index.html，2022 年 1 月 10 日資料取得）。

中内基博（2014a）「技術者間における知識移転の促進要因」『組織科学』48（2），61-73 ページ。

中内基博（2014b）「情報提供者からみた知識移転の促進要因」『経営力創成研究』10，103-116 ページ。

仲程久利（2014）「高齢者社会における専門的知識・経験を有するシニア人材の活用に関する研究」北陸先端科学技術大学院博士後期課程論文。

仲程久利・小林俊哉（2008）「少子高齢化社会におけるシニア研究者・開発技術者人材活用の成功要因：IEEJ プロフェッショナル制度を通して見えてきたこと」『北陸先端科学技術大学院大学　年次学術大会講演要旨集』23，105-108 ページ。

仲野久利・小林俊哉（2009）「少子高齢化社会におけるシニア研究者・技術者人材の活動場づくり：知識市場における成功要因」『北陸先端科学技術大学院大学　年次学術大会講演要旨集』24, 787-790 ページ。

中原淳（2010a）『職場学習論　仕事の学びを科学する』東京大学出版会。

中原淳（2010b）「企業における学び」『「学び」の認知科学事典』大修館書店, 264-275 ページ。

中原淳（2012）『経営学習論：人材育成を科学する』東京大学出版会。

中森義輝（2010）『知識構成システム論』丸善。

中山康子（2006）「設計開発における知識継承」『情報処理』47（6）, 647-653 ページ。

中山康子（2007）「知識継承のしくみづくり」『人工知能学会誌』22（4）, 467-471 ページ。

成子由則（2006）「モノづくりにおける知識・ノウハウの伝承」『情報管理』49（8）, 439-448 ページ。

日経エレクトロニクス（2021）「意外と多い技術系シニアの転身先　成功の鍵は若手との良好な共存関係」『日経エレクトロニクス』2021 年 10 月号, 88-89 ページ。

日経ビジネス（2019）「子会社に集めたシニアを本体に吸収した富士通の「新 50 代問題」対処法」日経ビジネス電子版（https://business.nikkei.com/atcl/gen/19/00067/101500045/, 2022 年 1 月 10 日取得）。

日本経済団体連合会（2016）「ホワイトカラー高齢社員の活躍をめぐる現状・課題と取り組み」（https://www.keidanren.or.jp/policy/2016/037_honbun.pdf, 2022 年 1 月 10 日取得）。

日本経済新聞（2015）「シニア社員,『おせっかい』で輝く」日経電子版, 2015 年 12 月 18 日（https://www.nikkei.com/article/DGXLASM114H0E_V11C15A2EA8000/, 2022 年 1 月 10 日取得）。

日本経済新聞（2018）「「65 歳定年」3 社に 1 社, シニア活用　社長 100 人調査　収入維持して士気向上」日経電子版, 2018 年 3 月 29 日（https://www.nikkei.com/article/DGXMZO28768820Z20C18A3MM8000/, 2022 年 1 月 10 日取得）。

日本情報システム・ユーザー協会（2020a）『情報子会社等におけるシニア人材活用に関する企業向けアンケート調査結果』（https://juas.or.jp/cms/media/2020/07/1_koyousokushin20.pdf, 2022 年 1 月 10 日取得）。

日本情報システム・ユーザー協会（2020b）『情報サービス業（情報子会社等）におけるシニア人材活用に関するガイドライン』（https://juas.or.jp/cms/media/2020/09/koyousokushin20_guidelines.pdf, 2022 年 1 月 10 日取得）。

庭本佳和（2008）「知識ベース戦略論と組織能力：組織的知識研究の軌跡」『甲南会計研究』2, 169-190 ページ。

野中郁次郎（2006）「ナレッジマネジメント：2. 知識経営の戦略」『情報処理』47（5）, 547-552 ページ。

野中郁次郎（2018）『野中郁次郎　ナレッジ・フォーラム講義録』東洋経済新報社。

野中郁次郎・梅本勝博（2001）「知識管理から知識経営へ：ナレッジマネジメントの最新動向（〈特集〉「ナレッジマネジメントとその支援技術」）」『人工知能学会誌』16（1）, 4-14 ページ。

野中郁次郎・紺野登（2003）『知識創造の方法論：ナレッジワーカーの作法』東洋経済新報社。

野中郁次郎・紺野登（2012）『知識創造経営のプリンシプル：賢慮資本主義の実践論』東洋経済新報社。

野中郁次郎・紺野登・廣瀬文乃（2014）「エビデンスベースの知識創造理論モデルの展開に向けて」『一橋ビジネスレビュー』62（1）, 86-101 ページ。

野中郁次郎・遠山亮子（2005）「フロネシスとしての戦略」『一橋ビジネスレビュー』53（3）, 88-103 ページ。

野中郁次郎・遠山亮子・平田透（2010）『流れを経営する』東洋経済新報社。

野中郁次郎・廣瀬文乃・平田透（2014）『実践ソーシャルイノベーション　知を価値に変えたコミュ

ニティ・企業・NPO』千倉書房。

野中郁次郎・山口一郎 (2019)『直観の経営 「共感の哲学」で読み解く動態経営論』株式会社 KADOKAWA。

野中帝二・安部純一 (2013)「組織における知の継承知の継承における五つの誤解」『特許庁技術懇談会誌』268，34-42 ページ。

橋本正明・栗山次郎 (2009)「ソフトウェア技術者の知識の特徴に関する一考察（〈レクチャーシリーズ〉知能ソフトウェア工学［第 3 回］）」『人工知能学会誌』24 (5)，700-707 ページ。

畑村洋太郎 (2004)「これからの技術戦略—どうすれば強い産業を作れるか」『精密工学会誌』70 (1)，5-9 ページ。

畑村洋太郎 (2006)『組織を強くする 技術の伝え方』講談社。

浜田陽子・庄司正実 (2015)「リーダーシップ・プロセスにおけるフォロワーシップの研究動向」『目白大学心理学研究』11，83-98 ページ。

平田謙次 (2012)「IT 技術者」金井壽宏・楠見孝編『実践知』，147-172 ページ。

平山るみ・楠見孝 (2004)「批判的思考態度が結論導出プロセスに及ぼす影響 証拠評価と結論生成課題を用いての検討」『教育心理学研究』52 (2)，186-198 ページ。

福田毅哉・梅本勝博 (2009)「世代間共同研究による知識移転のモデル化」『情報知識学会誌』19 (2)，191-194 ページ。

藤井耐 (2003)「組織的知識創造とトップ・ミドルリーダーシップ」『高千穂論叢』37 (3)，3-21 ページ。

古川慈之 (2015)「知識・技術・技能の伝承支援に関する考察—暗黙知と形式知との関係—」『SIG-KST』24 (3)，1-4 ページ。

北陸先端科学技術大学院大学知識科学研究科 (2008)『ナレッジサイエンス：知を再編する 81 のキーワード』近代科学社。

星和樹 (2010)「共創型組織の探究」『経営論集』57 (3)，219-231 ページ。

細野一雄・内平直志 (2019)「事業部門長による組織知創造と知識リーダーシップの関係性の探索」『ナレッジ・マネジメント研究』17，67-82 ページ。

細野一雄・内平直志・遠山亮子 (2020)「シニア技術者から後進層への経験知の伝え方の考察」『ナレッジ・マネジメント研究』18，17-30 ページ。

細野一雄・内平直志・遠山亮子 (2021)「後進層から期待されるベテラン経験知の価値とその移転」『ナレッジ・マネジメント研究』19，1-16 ページ。

細野一雄 (2023)「ベテランから後進層への経験知移転についての考察」『ナレッジ・マネジメント研究』21，15-29 ページ。

細野一雄 (2022)「後進層が期待するベテラン経験知の価値とその移転—IT 企業 A 社 SE 部門におけるベテラン層と後進層による知の協創—」北陸先端科学技術大学院大学博士認定論文（https://dspace.jaist.ac.jp/dspace/bitstream/10119/18125/2/paper.pdf）。

堀圭介 (2005)「企業組織における「知識」に関する一考察：ハイエクの知識論の研究」『一橋論叢』133 (5)，547-566 ページ。

堀田耕一郎 (2015)「知識モジュール共有への動機とためらいの要因解明—IT 企業 A 社のソフトウェア開発部門の事例研究—」北陸先端科学技術大学院大学博士認定論文。

槇谷正人 (2016)「組織変革メカニズムの解明に向けた分析フレームワーク」『経営情報研究：摂南大学経営情報学部論集』23 (1-2)，1-16 ページ。

松尾睦 (2005)「IT 技術者の熟達化と経験学習」『日本心理学会第 69 回大会・ワークショップ Discussion paper series』102，1-20 ページ。

松尾睦 (2012)「プロフェッショナルへの成長プロセス：経験学習の観点から」『スポーツ教育学研究』

31 (2), 27-32 ページ。

松本雄一（2013）「実践共同体における学習と熟達化」『日本労働研究雑誌』639, 15-26 ページ。

松本雄一（2020）「実践共同体による実践知の創造・共有・継承」『日本労働研究雑誌』724, 99-107 ページ。

松行彬子（2002）「グループ経営における組織学習と組織間学習」『嘉悦大学研究論集』44 (2), 1-17 ページ。

松行康夫・松行彬子（2002）『組織間学習論—知識創発のマネジメント—』白桃書房。

三品和広（2007）『戦略不全の因果：1013 社の明暗はどこで分かれたのか』東洋経済新報社。

宮田一雄（2017）『進む！助け合える！WA（和）のプロジェクトマネジメント：プロマネとメンバーのための CCPM 理論』ダイヤモンド・ビジネス企画。

三輪卓己（2011）『知識労働者のキャリア発達』中央経済社。

三輪卓己（2012）「知識労働者の人的資源管理の論点と課題：先行研究と企業事例の検討から」『京都マネジメント・レビュー』20, 73-91 ページ。

村本徹也（2018）「ケアサービスにおけるケアワーカーと利用者による価値と知識の共創—社会福祉法人ラルシュかなの家における事例研究—」北陸先端科学技術大学院大学博士認定論文。

明治安田生活福祉研究所（2018）『50 代・60 代の働き方に関する意識と実態』(https://www.myri.co.jp/research/report/pdf/myilw_report_2018_02.pdf, 2022 年 1 月 10 日取得)。

茂木健一郎（2005）『脳と創造性：「この私」というクオリアへ』PHP 研究所。

森和夫（2005）『技術・技能伝承ハンドブック』JIPM ソリューション。

森和夫（2013）「暗黙知の継承をどう進めるか」『特技懇』268, 43-49 ページ。

山縣裕（1999）「もの作りにおける日本の競争力と暗黙知」『まてりあ』38 (7), 581-585 ページ。

山藤康夫（2009）「技能伝承の実態と後継者育成（特集　技能伝承への取り組み—製造業の競争力の源泉を探る）」『企業と人材』42 (958), 4-11 ページ。

横澤公道（2018）「知識移転研究はどこまで来たか」『赤門マネジメント・レビュー』17 (2), 25-46 ページ。

渡部直樹（2014）『企業の知識理論：組織・戦略の研究』中央経済社。

付　　録

組	次世代層		次世代層から見たベテラン との普段の関係の認識		ベテラン層から見た次世代 との普段の関係の認識		ベテラン層	
	名	YQ0 年齢層	YQ2 位置関係	YQ1 関係度	SQ1 関係度	SQ2 位置関係	SQ0 年齢層	名
1	Y01	40〜44	助言者	4	4	助言相手	60〜64	S01
2	Y02	30〜34	上司	4	5	部下	40〜44	S02
3	Y02	35〜39	上位者	4	4	助言相手	60〜64	S03
4	Y04	35〜39	上位者	5	4	助言相手	60〜64	
5	Y06	40〜44	上位者	5	4	助言相手	60〜64	
6	Y21	35〜39	助言者	5	4	後継後任	60〜64	
7	Y03	45〜49	その他（WG）	5	5	その他（WG）	60〜64	S04
8	Y16	〜29	上位者，助言者	2	5	助言相手，その他	60〜64	
9	Y07	40〜44	助言者，関係無	5	5	（コミュニティ）	55〜59	S06
10	Y08	30〜34	上司・先輩	5	5	後継後任	45〜49	S07
11	Y17	35〜39	上司，上位者	5	5	部下，助言相手	55〜59	
12	Y11	40〜44	助言者	5	5	後継後任，助言相手	55〜59	S10
13	Y12	45〜49	上位者	5	5	後継後任	55〜59	
14	Y13	45〜49	上位者	5	5	部下	55〜59	
15	Y14	50〜	上位者，助言者	5	5	後継後任	55〜59	
16	Y19	45〜49	上位者，助言者	5	5	後継後任	55〜59	
17	Y15	50〜	上位者・先輩	5	5	後継後任	60〜64	S11
18	Y22	45〜49	上位者	5	4	後継後任	60〜64	S14
19	Y27	40〜44	上司	5	4	部下，助言相手	50〜54	S19
20	Y29	50〜	上司	5	4	後継後任，助言相手	60〜64	
21	Y38	35〜39	助言者	5	4	助言相手	60〜64	S29

出典：筆者作成。

付録2　次世代層が尋ねた経験知の内容とその種類

ケース	名	【YQ3】「経験知」		【YQ5】	【YQ4】	
		主な問題状況（要約）	必要としている経験知	知の適用先	経験知の種類	番号
1	Y01	サービス内容と運用ポリシーの考え方	仕様やポリシーなどの考え方	PRJ推進	思考スキル	−
2		部下のメンタルケアの工夫の経過	メンバのメンタルケアなどフォロー経過状況	PRJ推進	行動スキル	−
3	Y02	ドキュメントレビューの観点を知りたい	ドキュメントレビュー観点	ものづくり	専門知	13
4		フィールド向け回答のヒントを得たい	何かないか，足掛かりを尋ねた	PRJ推進	専門知	15
5	Y03	セキュリティ対策の評価知識が至急必要	経験から得られた経験則や判断基準	PRJ推進	専門知	13
6		WG活動を上手に進めたいが経験が無い	傾聴，共感，メンタリング	PRJ推進	行動スキル	31
7	Y04	経験の無い問い合わせが来た	現場部門の状況を理解できる知識	ものづくり	専門知	11
8	Y05	サービスに関する専門的レビューが必要	コンサルティング技法に関する知識	他	専門知	11/14/15
9	Y06	顧客業務について知見を有する部を知りたい	お客様に関するテーマ（技術／業務その他）	他	専門知	12
10	Y07	新たな業務の担当となって知識が無い	「運用保守」の課題，失敗例，あるべき姿，等	PRJ推進	専門知	−
11	Y08	関連部門内にどう活動を伝えるか	どのように動くと効果的かという経験知	PRJ推進	行動スキル	−
12	Y09	ベテラン経験知自体を継承したい	「真髄を知りたい」と思った	他	思考スキル	−
13	Y10	社内利用者ニーズをどこに聞けば良いか	どんな情報をどう収集したらよいか	PRJ推進	専門知	13
14	Y11	商流を意識した商品化と販売戦略知識不足	販推への対応，関係会社を含む商流の違い	PRJ推進	専門知	13
15	Y12	難しい依頼をしてくる営業への対応で苦慮	適切な対応の仕方の知見	PRJ推進	専門知	−
16		振り返りからの改善施策のアイデア不足	分析する観点，訴求する業種など拡販の知見	他	専門知	−
17	Y13	上層部・上司への報告の仕方で苦慮	レビューする観点	PRJ推進	思考スキル	−

18	Y14	製品の拡販についての知識・経験が乏しい	関連部門の役割や関わりの仕方	PRJ推進	専門知	—
19	Y15	トヨタ生産方式をソフト開発に応用したい	トヨタでの経験（考え方，働き方）	PRJ推進	専門知	12～16
20	Y16	想定ビジネスモデルに対する課題や対策	気になるところをヒアリング	PRJ推進	思考スキル	—
21	Y17	オフショアプロジェクトにおける品質改善対応	品質向上活動（PQI）について質問	PRJ推進	専門知	13
22		社内資格論文指導，レビュー	論文の書き方，要点のまとめ方	他	専門知	13
23	Y18	大規模プロジェクトの立ち上げ時の計画立案	リスクの洗い出しや助言など	PRJ推進	専門知	13/15/16
24	Y19	対応に困る営業への対応	対応の仕方	PRJ推進	行動スキル	—
25	Y20	異動してきたばかりで現場実践経験がない	社内SE現場での困り事とニーズ	PRJ推進	専門知	—
26	Y21	現状に至った経緯がわからなかった	過去からの経緯と問い合わせ先を知りたい	PRJ推進	専門知	15
27		同じような議論が数年ごとに繰り返されている	過去からの方式の変遷とその理由を知りたい	PRJ推進	専門知	15
28	Y22	Webを利用した企画が思うようにできなかった	Webでの利用の考え方の工夫点を知りたい	PRJ推進	専門知	—
29		関連部門へ依頼する資料が上手く作れない	参考となる情報を教えてほしい	PRJ推進	専門知	—
30	Y23	引き継いだシステム構築の合意形成が……	なぜそのように至ったのか関係部署間の……	PRJ推進	専門知	16
31	Y24	お客様向け提案を自身では出来なかった	課題へのアプローチの仕方を尋ねた	PRJ推進	専門知	—
32	Y25	新たな技術導入に際しての導入で苦労	海外と利用する場合の問題点や対処方法	PRJ推進	思考スキル	13/21/22
33		昇格試験向けのプレゼン資料作りで苦労	発表の仕方やストーリー作りの考え方	PRJ推進	思考スキル	21/24
34		顧客業務への新技術適用の企画	対象顧客業務に関する業務知識	他	専門知	11～16
35	Y26	論文や報告などの表現の仕方がわからない	読み手から見た表現の仕方	PRJ推進	思考スキル	—
36		システム品質改善の対策の案出ができなかった	原因分析や対策の工夫，可視化の仕方	ものづくり	専門知	—

37	Y27	チームマネジメントを始める立場になった	メンバ特性を理解したチーミングの仕方	PRJ 推進	行動スキル	32
38	Y28	SE としての経験不足を感じていた	パッケージソフトの開発からサポートの知識	ものづくり	専門知	—
39		決められた納期までに品質が確保できない	問題の本質とその対応方法・判断基準	PRJ 推進	専門知	—
40	Y29	プロジェクトマネジメント上のトラブル対処	部下指導，および開発技術	PRJ 推進	専門知	16
41		損益管理観点からの問題分析	損益管理観点からの問題分析	PRJ 推進	専門知	16
42	Y30	チームマネジメントを始める立場になった	パフォーマンスが低下した部下への対応方法	PRJ 推進	行動スキル	—
43	Y31	新システム刷新の計画の説明が必要	関連部門への説明とその対応の考え方	PRJ 推進	思考スキル	—
44	Y32	社内的な組織対応の仕方がわからない	資料作成や言葉使いや具体的な手続き	PRJ 推進	専門知	—
45	Y33	リーダに成り立て時プロマネとしての未熟さ	進捗管理や品質管理の具体的なノウハウ	PRJ 推進	専門知	—
46	Y34	トラブル時の今後の対応の進め方	重大トラブル発生時の考慮事項	PRJ 推進	専門知	—
47	Y35	当時の最先端技術の取り入れ方	自己のシステム企画アイデアへの助言	ものづくり	専門知	—
48	Y36	まだ若手の頃に社会人としての生き方で	仕事への心構え	他	自己管理	41
49	Y37	直属上司との意見相違が発生していた	意見相違時の対処の仕方や立ち振る舞い	PRJ 推進	行動スキル	—
50	Y38	物事を整理するための軸が見つからない	世の中，過去動向などからのアプリ開発整理軸	ものづくり	専門知	—
51		施策を立案するときのフィージビリティ。	過去の失敗事例	PRJ 推進	専門知	—
52	Y39	システム構築案の実現性がわからない	他の方法が有るのか助言してほしい	ものづくり	専門知	—

出典：筆者作成。注：「PRJ 推進」は「プロジェクト推進」を略した表記。

付録3　次世代層が尋ねた経験知に対する補正

		次世代層からの回答			ベテラン層	筆者補正			
	名	【YQ5】知の適用先	【YQ4】経験知の種類	名	【SQ4】経験知の種類	判断		経験知の種類	補正理由
1	Y01	PRJ推進	思考スキル	S01	思考スキル	思考スキル	22	あるべき姿の考え方	
2		PRJ推進	行動スキル	S01	行動スキル	行動スキル	32	周囲との適切な人間関係	
3	Y02	ものづくり	専門知	S02	専門知	専門知	12	現場で得られる知（経験則）	
4		PRJ推進	専門知	S03	専門知	専門知	13	事例（成功事例・失敗事例）	
5	Y03	PRJ推進	専門知	S04	思考スキル	思考スキル	21	状況認識と問題点の分析	一緒に作業し考えさせた
6		PRJ推進	行動スキル	S04	行動スキル	行動スキル	31	人との対話・気持ちの理解	
7	Y04	ものづくり	専門知	S03	専門知	専門知	13	事例（成功事例・失敗事例）	
8	Y05	他	専門知	S05	（退職者）	専門知	12	現場で得られる知（工夫）	
9	Y06	他	専門知	S03	専門知	行動スキル	32	周囲との適切な人間関係	社内組織連携の考え方
10	Y07	PRJ推進	専門知	S06	専門知	思考スキル	22	あるべき姿の考え方	考え方を伝えている
11	Y08	PRJ推進	行動スキル	S07	行動スキル	行動スキル	32	周囲との適切な人間関係	
12	Y09	他	思考スキル	S08	（退職者）	思考スキル	22	あるべき姿の考え方	
13	Y10	PRJ推進	専門知	S09	（回答なし）	専門知	12	現場で得られる知（経験則）	
14	Y11	PRJ推進	専門知	S10	専門知	専門知	13	事例（成功事例・失敗事例）	
15	Y12	PRJ推進	専門知	S10	行動スキル	行動スキル	32	周囲との適切な人間関係	組織の役割・分担の仕方
16		他	専門知	S10	専門知	専門知	12	現場で得られる知（工夫）	
17	Y13	PRJ推進	思考スキル	S10	思考スキル	思考スキル	21	状況認識と問題点の分析	

18	Y14	PRJ 推進	専門知	S10	専門知	専門知	14	組織のマネジメントの工夫	
19	Y15	PRJ 推進	専門知	S11	思考スキル	思考スキル	22	あるべき姿の考え方	TPSの目指す思想を伝授
20	Y16	PRJ 推進	思考スキル	S04	思考スキル	思考スキル	22	あるべき姿の考え方	
21	Y17	PRJ 推進	専門知	S07	専門知	専門知	12	現場で得られる知（経験則）	
22		他	専門知	S07	思考スキル	思考スキル	22	あるべき姿の考え方	考え方を伝えた
23	Y18	PRJ 推進	専門知	S12	（回答なし）	専門知	14	組織のマネジメントの工夫	
24	Y19	PRJ 推進	行動スキル	S10	行動スキル	行動スキル	34	コンフリクトの解消	
25	Y20	PRJ 推進	専門知	S13	（回答なし）	専門知	13	事例（成功事例・失敗事例）	
26	Y21	PRJ 推進	専門知	S03	専門知	専門知	13	事例（成功事例・失敗事例）	
27		PRJ 推進	専門知	S03	専門知	専門知	13	事例（成功事例・失敗事例）	
28	Y22	PRJ 推進	専門知	S14	思考スキル	思考スキル	21	状況認識と問題点の分析	考え方を伝えている
29		PRJ 推進	専門知	S14	専門知	専門知	11	担当分野の専門知（プロセス系）	
30	Y23	PRJ 推進	専門知	S15	（回答なし）	専門知	13	事例（成功事例・失敗事例）	
31	Y24	PRJ 推進	専門知	S16	（匿名）	専門知	12	現場で得られる知（工夫）	
32	Y25	PRJ 推進	思考スキル	S17	（回答なし）	思考スキル	21	状況認識と問題点の分析	
33		PRJ 推進	思考スキル	S17	（回答なし）	思考スキル	24	自己ビジョンの見せ方	
34		他	専門知	S17	（回答なし）	専門知	13	事例（成功事例・失敗事例）	
35	Y26	PRJ 推進	思考スキル	S18	（退職者）	思考スキル	24	自己ビジョンの見せ方	
36		ものづくり	専門知	S18	（退職者）	専門知	12	現場で得られる知（工夫）	

37	Y27	PRJ 推進	行動スキル	S19	行動スキル	行動スキル	31	人との対話・気持ちの理解	
38	Y28	ものづくり	専門知	S20	（退職者）	専門知	11	担当分野の専門知（プロダクト系）	
39		PRJ 推進	専門知	S20	（退職者）	専門知	12	現場で得られる知（経験則）	
40	Y29	PRJ 推進	専門知	S19	専門知	行動スキル	31	人との対話・気持ちの理解	行動様式を伝えている
41		PRJ 推進	専門知	S19	専門知	専門知	14	組織のマネジメントの工夫	
42	Y30	PRJ 推進	行動スキル	S21	（退職者）	行動スキル	31	人との対話・気持ちの理解	
43	Y31	PRJ 推進	思考スキル	S22	（退職者）	思考スキル	23	あるべき姿の実現計画	
44	Y32	PRJ 推進	専門知	S23	（退職者）	思考スキル	23	あるべき姿の実現計画	相手の世界観を伝えている
45	Y33	PRJ 推進	専門知	S24	（退職者）	専門知	14	組織のマネジメントの工夫	
46	Y34	PRJ 推進	専門知	S25	（退職者）	専門知	12	現場で得られる知（経験則）	
47	Y35	ものづくり	専門知	S26	（退職者）	専門知	12	現場で得られる知（工夫）	
48	Y36	他	自己管理	S27	（退職者）	自己管理	41	自己管理	
49	Y37	PRJ 推進	行動スキル	S28	（退職者）	行動スキル	34	コンフリクトの解消	
50	Y38	ものづくり	専門知	S29	思考スキル	思考スキル	21	状況認識と問題点の分析	解決のための考え方・視点
51		PRJ 推進	専門知	S29	専門知	専門知	13	事例（成功事例・失敗事例）	
52	Y39	ものづくり	専門知	S30	（退職者）	専門知	12	現場で得られる知（工夫）	

注：網かけはベテラン層または筆者が補正したケース。
出典：筆者作成。

索　引

著者略歴

細野　一雄（ほその・かずお）

　1957 年 4 月生

　千葉大学理学部物理学科卒業。1981 年 4 月大手 IT ベンダー A 社入社。

　主に製造業の研究所におけるラボラトリーオートメーション（LA）システム構築および運用サービスのフィールド SE に従事。

　1994 年 SE 技術を共有・発信する Web システム「ノウハウ情報 DB」の企画・運用を担当（～1999）。

　1997 年より A 社 SE 部門の組織的なナレッジ・マネジメント活動が開始され、「SE ノウハウを共有するためのネットワーク上の井戸端会議の場を提供する社内ツール」の開発を担当。以後、ナレッジ・マネジメント活動の企画・構築・適用に関わる業務に従事（～2009）。

　2010 年からは、ノウハウとは何か、暗黙知とは何か、場とは何か、について継続して追求しながら、「ノウハウ情報 DB」を含む A 社 SE 部門全体の技術情報共有に関わるマネジメントに従事。

　2022 年 6 月定年退職。

資格：技術士（情報工学部門、日本技術士会会員 2016 年 4 月登録）
　　　博士（知識科学、北陸先端科学技術大学院大学（通称 JAIST）、2022 年 9 月認定）
　　　PMI PMP® （2002 年 12 月取得）
　　　DX 推進アドバイザー（2023 年 4 月取得）
現在：細野技術士事務所　所長
　　　（公益社団法人）日本技術士会　会員
　　　ナレッジ・マネジメント学会　会員
　　　（一般社団法人）プロジェクト・マネジメント学会　会員
　　　（一般社団法人）JAIST 支援機構　ナレッジツイン研究会　会員
　　　（特定非営利法人）プロジェクト・マネジメント協会　会員
　　　（株）ナレッジピース　サロン会員

経験知の継承から協創へ

—IT 企業におけるベテラン経験知の解明と活用—

2024 年 1 月 31 日　第 1 版第 1 刷発行　　　　　　　　　　　　検印省略

著　者	細　野　一　雄	
発行者	前　野　　　隆	

発行所　東京都新宿区早稲田鶴巻町 533
　　　　株式会社 **文　眞　堂**
　　　　電　話 03（3202）8480
　　　　FAX 03（3203）2638
　　　　https://www.bunshin-do.co.jp
　　　　郵便番号 $\binom{162}{0041}$ 振替00120-2-96437

製作・モリモト印刷

Ⓒ 2024

定価はカバー裏に表示してあります

ISBN978-4-8309-5243-2 C3034